누구나 쉽게 소액으로 거래하는 해외선물옵션

- 24시간유트브동영상소개
- 실전챠트제공
- 골드 · 쿠루드 · 유로 · 나스닥
(30만원 부터 1000만 원까지
다양한 상품 소개

실습신청(확률 80%)
접수 : gpnet@naver.com
문의 : 010-8961-2867
홈페이지 : www.ox21.net

OX경제연구소

발간에 즈음하여

21세기 사는 우리지구촌사람은 주식 부동산 채권 귀금속 투자를 하면서 인간의 부의 욕망을 실현하는데 누가 안전한 투자방법과 위험을 가르켜주지 않는다
안전한투자 방법을 소개한 도서이다.
주식투자는 주식+주식선물로 1년 이상 보유한다면 손실 보지않고 주주의권리를 행사하면서 배당을 받으며 재태크를 즐길수있다.
선물투자도 선물+옵션으로 리스크를 최소화하면서 투자를 하여 수익을 올릴 수 있다.
귀금속도 현물+선물옵션해지로 리스크를 최소화하면서 수익을 올릴수 있다.
선행조건으로 유동성있는 상품을 택하여 해지포트폴리오를 짜야하고 방행에 관계없이 수익을 구사하여야 한다.
우리나라도 수백만명 투자자들이 참여하나 수익을 못올리는 원인을 분석하여 처음부터 표준 모델을 만들어 자산을 운영하는것이 현명하다
해외선물의 장점은 소액으로 투자가 가가능하고 선물의 기초개념을 잘 습득할수 있다
수 십년 간 연구가 무슨 필요가 있는가?
시장 참여자는 독안에 든 쥐가 될려면 방향성을 한 분들이다.
참여자는 독인에 든 쥐를 수단과 방법을 가리지 않고 시장을 흔들어 놓은다.
방향도 짜고치는 수법에 넘어간다.
가짜 개인과 세력과의 작품을 계속만들어 실패하게한다.
이런 시점에서 만약 시장 참여자라면 냉철한 투자 철학의 확립을 요하며 지난날 투자 패턴을 백지화하며 오로지 과학적 투자전략으로 짜야 할것이다
해외선물은 30만원으로 시작 할 수 있어 학습하기에 좋은 상품이고 유안타증권 해외선물 5700 화면은 옵션이 움직이는 것을 볼 수 있기에 선물과 합성하여 거래할 수 있다.
여러분도 큰 돈 들이지 않고 스터디 할 수 있는 좋은 기회이다 생각바란다.
전자도서와 같이 발간하고 유투브강의 교재로 여러분의 투자의 밑거름이
되도록 하였다
이도서에 챠트박사 박옥수님께서 참여해 주어서 감사의 말씀을 전한다.
이번 기회에 실패하신 여러분이 성공한 투자자로 거듭나길 기원한다.

2024년 11월 20일
김 정수

목 차

제1장 해외선물옵션거래포인트

1-1 기초자산에 의한 옵션 ······ 6

1-2 선물증거 ······ 7

1-3 대칭형으로 해외선물옵션 이해 ······ 8

1-4 경제뉴스 ······ 15

1-5 상품별 월물 행사가 콜옵션 풋옵션 ······ 17

제2장 옵션의 이해

2-1 옵션 가격 결정 ······ 26

2-1 선물옵션의 이해 ······ 31

제3장 해외선물옵션 실전

3-1 해외선물 증거금 ······ 64

3-2 주요 해외선물 상품 틱가치 기초자산 ······ 72

3-3 박펀드메니저 챠트(문의 010-6432-2250) ······ 79

3-4 해외선물 주문 ······ 98

3-5 소액 마이크로 시리즈 ······ 118

제4장 선물용어집

4-1 선물 ······ 124

제1장
해외선물옵션 거래 포인트

1-1 기초자산에의한옵션

1-2 선물증거금

1-3 대칭형으로 해외선물옵션이해

1-4 경제뉴스

1-5 상품별 월물 행사가 콜옵션 풋옵션

1-1 기초 자산에 의한 옵션

- 만기3일전옵션매수도 증거금을요한다
- 골드는행사가가격이 촘촘하다
- 유동성결여는호가가벌어져매우위험하다
- 선물은기초자산을기준으로만들어지고
- 옵션은 등가형성뒤 로그정규분포로
- 만들어진다

1. 기초자산

s&p	3,865	곱하기 250달러	966,250 달러	
다우	33,511	곱하기 25달러	837,775달러	
코스피200	300	곱하기 25만	7,500만	
니케이	16,775	곱하기 5달러	83,875달러	
유로달러	125,000	유로(분자)	100,000달러	(분모) 비교통화
골드	1812	곱하기 100달러	181,200 달러	
은	24.10	5,000달러	120,500달러	
원유	79.29	곱하기 1,000달러	79,290달러	
린호그	91.350	4,000달러	365,400달러	
1파운드	0.45kg			
4,000파운드	1,800kg			

1-2 선물증거금

골드선물1계약.	6,930달러
유로달러선물1계약.	2,915달러
마이크로유로	291달러
크루드선물1계약.	7,700달러
나스닥선물1계약.	17,870달러
마이크로나스닥	1,738달러
다우선물1계약.	8280달러
마이크로다우	828달러

1. 미니지수

1) E-mini S&P 500 (E-mini S&P 500지수)

E-mini S&P 500 지수는 S&P500주가지수 계약단위를 1/5사이즈로 축소하여 전산으로 거래 가능하도록 한 것으로 소액 개인투자자들이 거래하기 적합한 상품입니다.

2) Mini sized Dow (E-mini Dow 지수)

Mini sized Dow 지수는 Dow지수 선물을 1/5사이즈로 축소하여 전산으로 거래가 가능하도록 한 것으로 소액 개인 투자자들이 거래하기 적합한 상품입니다.

3) E-mini NASDAQ 100 (E-mini NASDAQ 100지수)

E-mini NASDAQ 100지수는 NASDAQ 100 주가지수의 계약단위를 1/5사이즈로 축소하여 전산으로 거래 가능하도록 한 상품입니다.

4) Micro E-Mini S&P 500 (마이크로 E-mini S&P 500 지수)

Micro E-Mini S&P 500 지수는 S&P 500 주가지수의 계약단위를 1/50 로 축소하여 전산거래가 가능하도록 한 것이며 소액 개인투자자들이 거래하기 적합한 상품입니다.

1-3 대칭형으로 해외선물옵션 이해

1. 2022년 배당일

주식보유해야하는날짜
12월28일
폐장일2일전

배당락일
12월29일
배당권리가없어지는날

배당지급일 2023년 4월중
기업마다다르며 보통4월초에서 말사이에 지급

폐장일 12월30일
한국증시는 안열리지만 미국증시는열림

휴장일 12월31일금
증시가 안열리는날

2023년 개장일 1월 3일 월

2. 상품별 월몰 행사가 골옵션 풋옵션
근월물 원월물간 스탠다드선물 + 미니선물 + 마이크로선물
다양한 전략

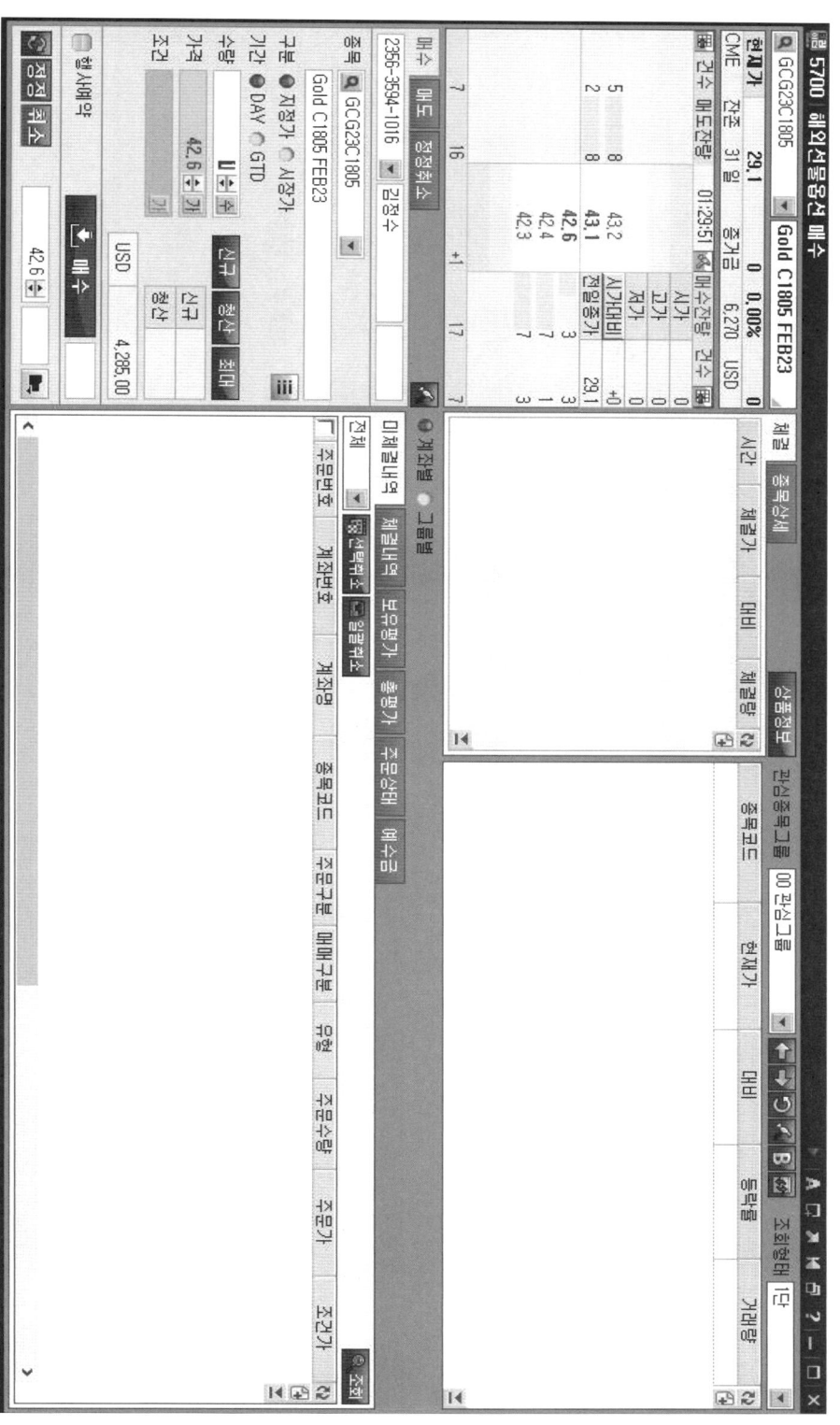

유로달러콜옵션

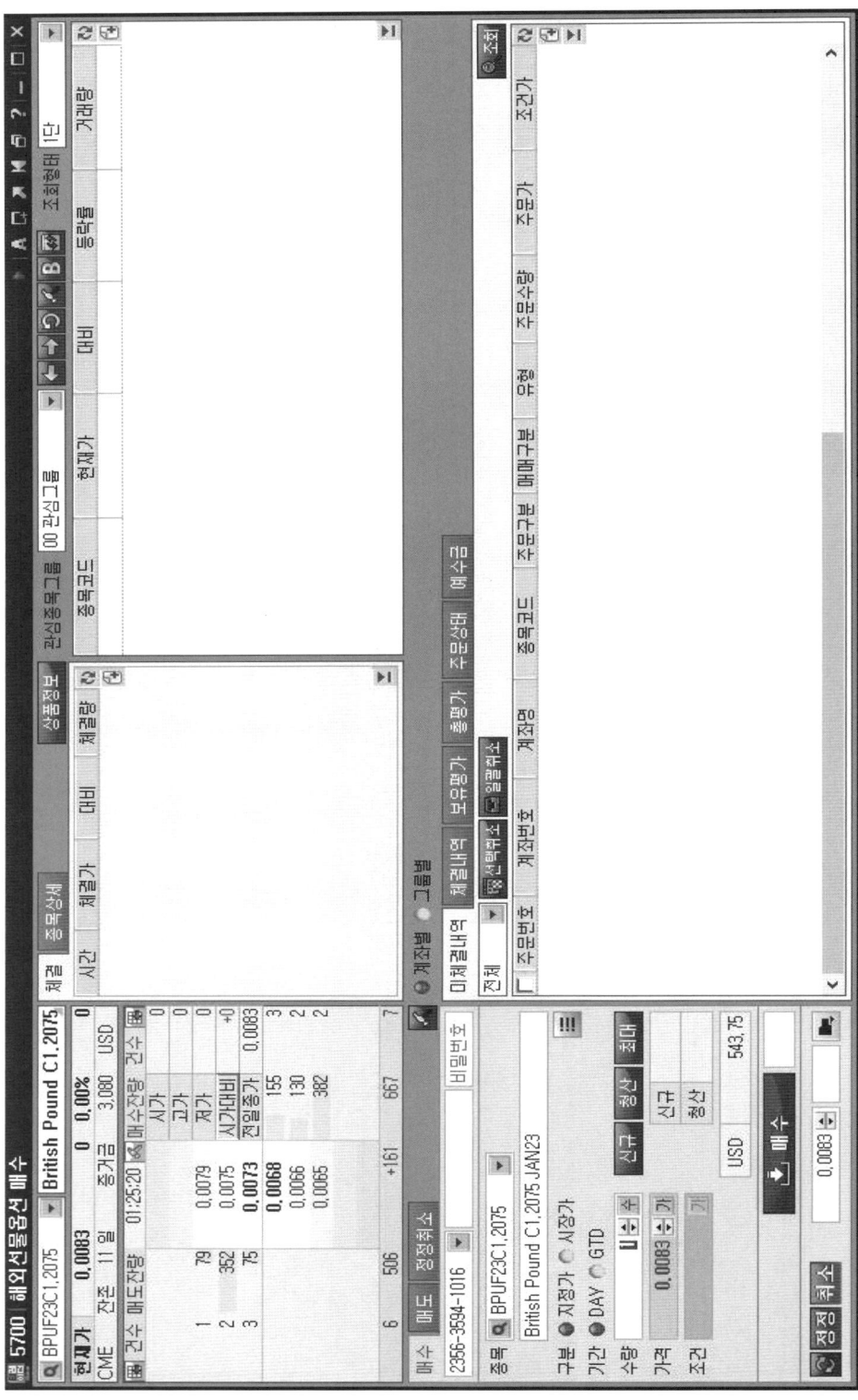

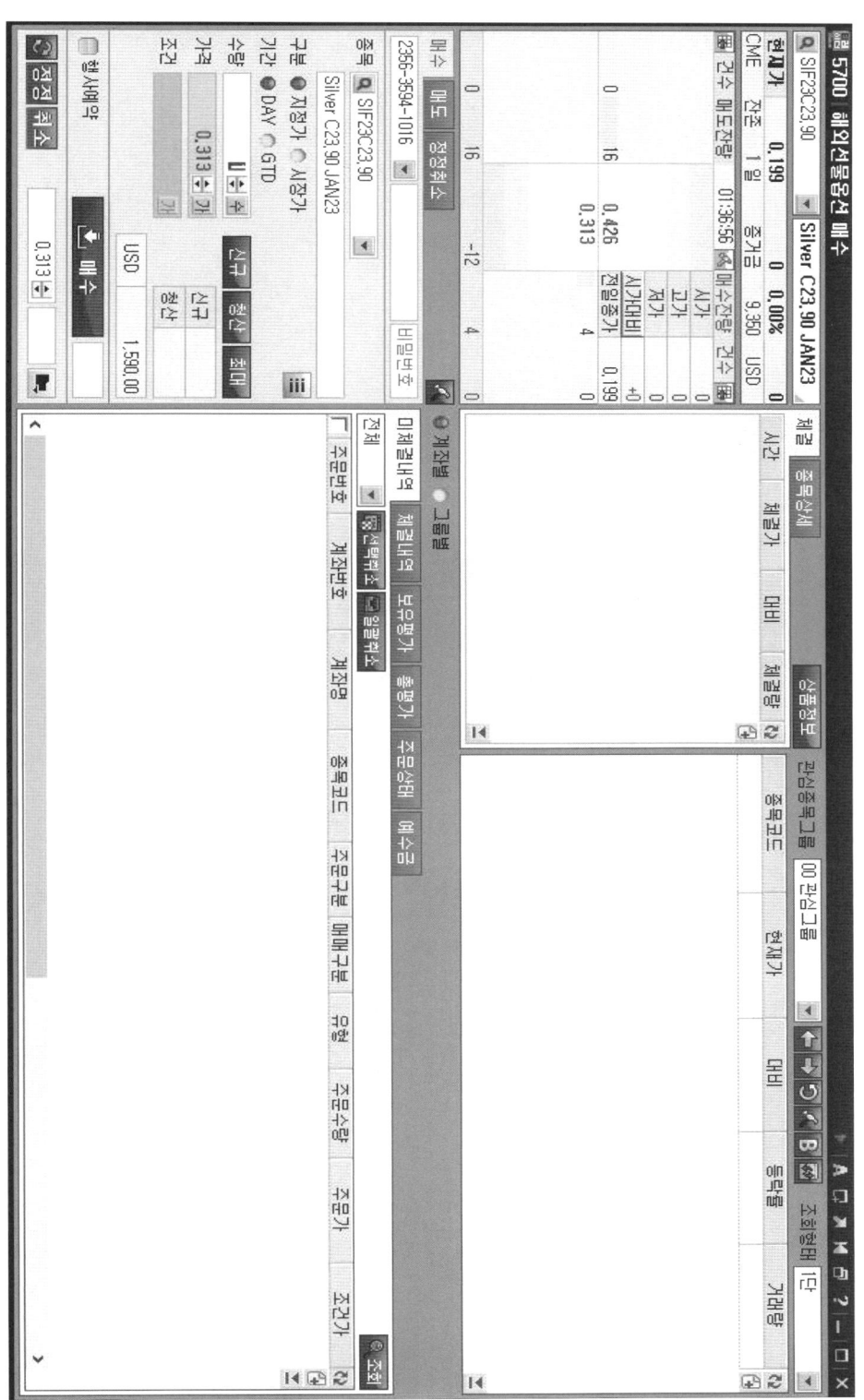

잔존31일풋옵션

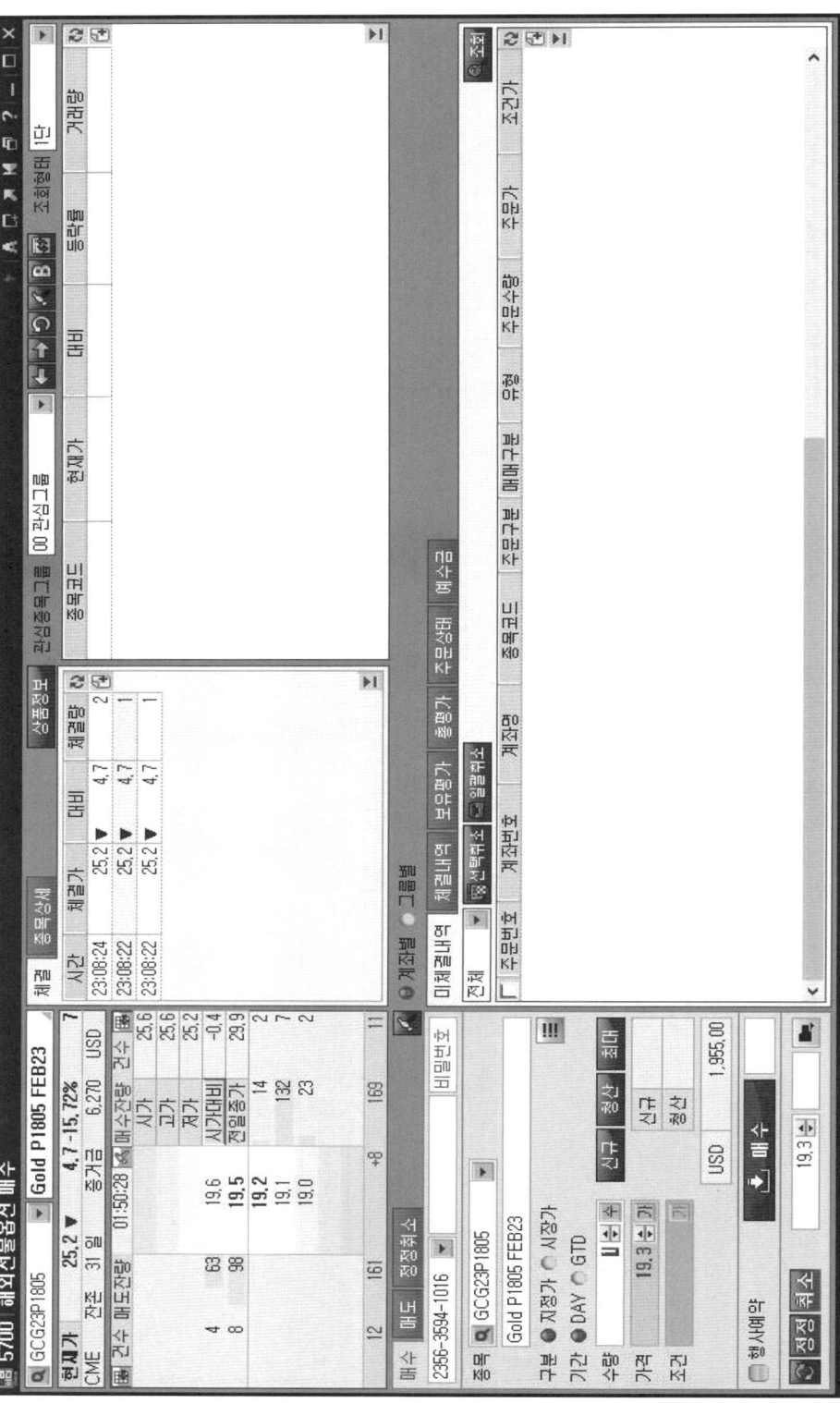

12

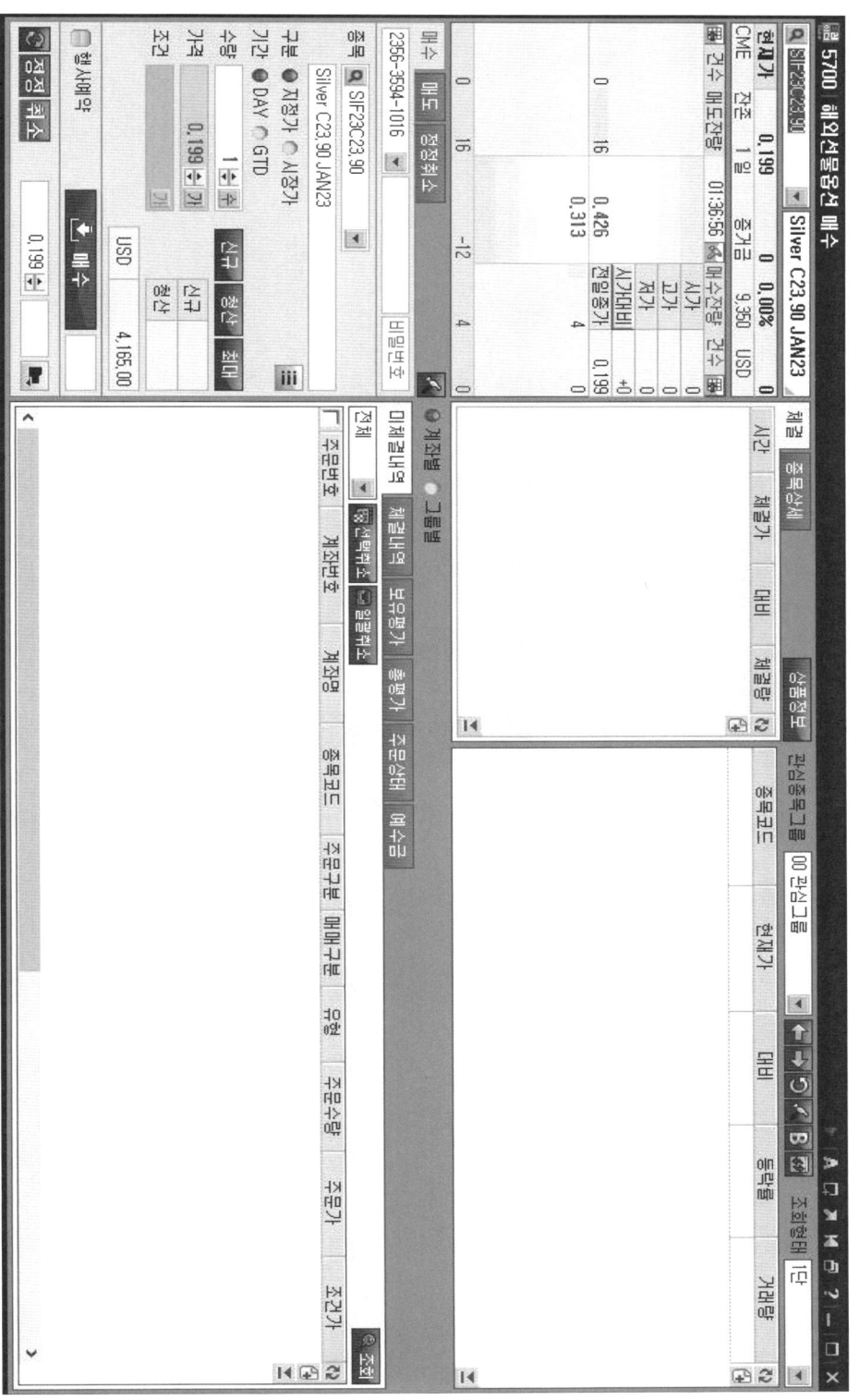

진주 일 1일 실 실버 콜

잔존일11일풋옵션

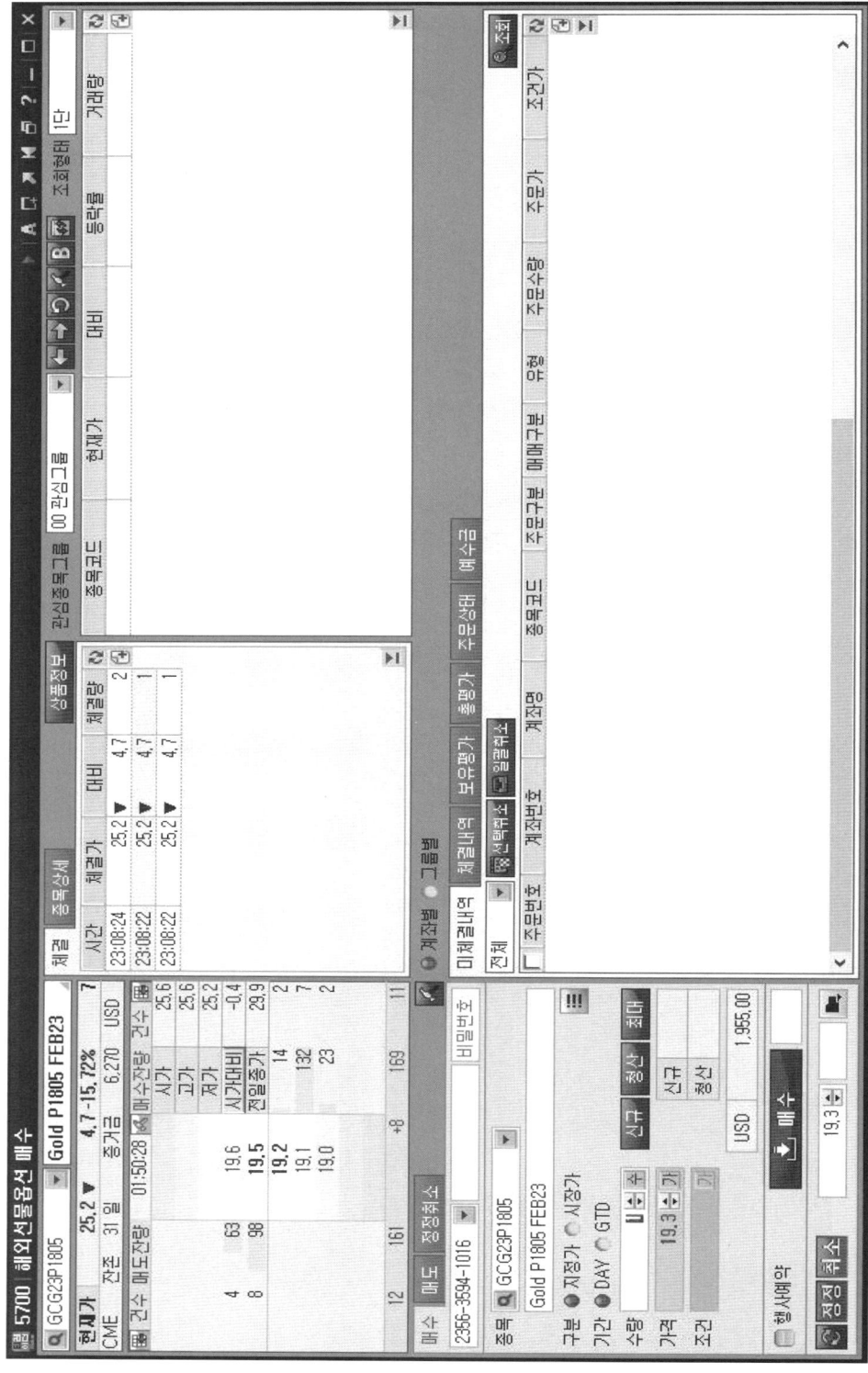

1-4 경제뉴스

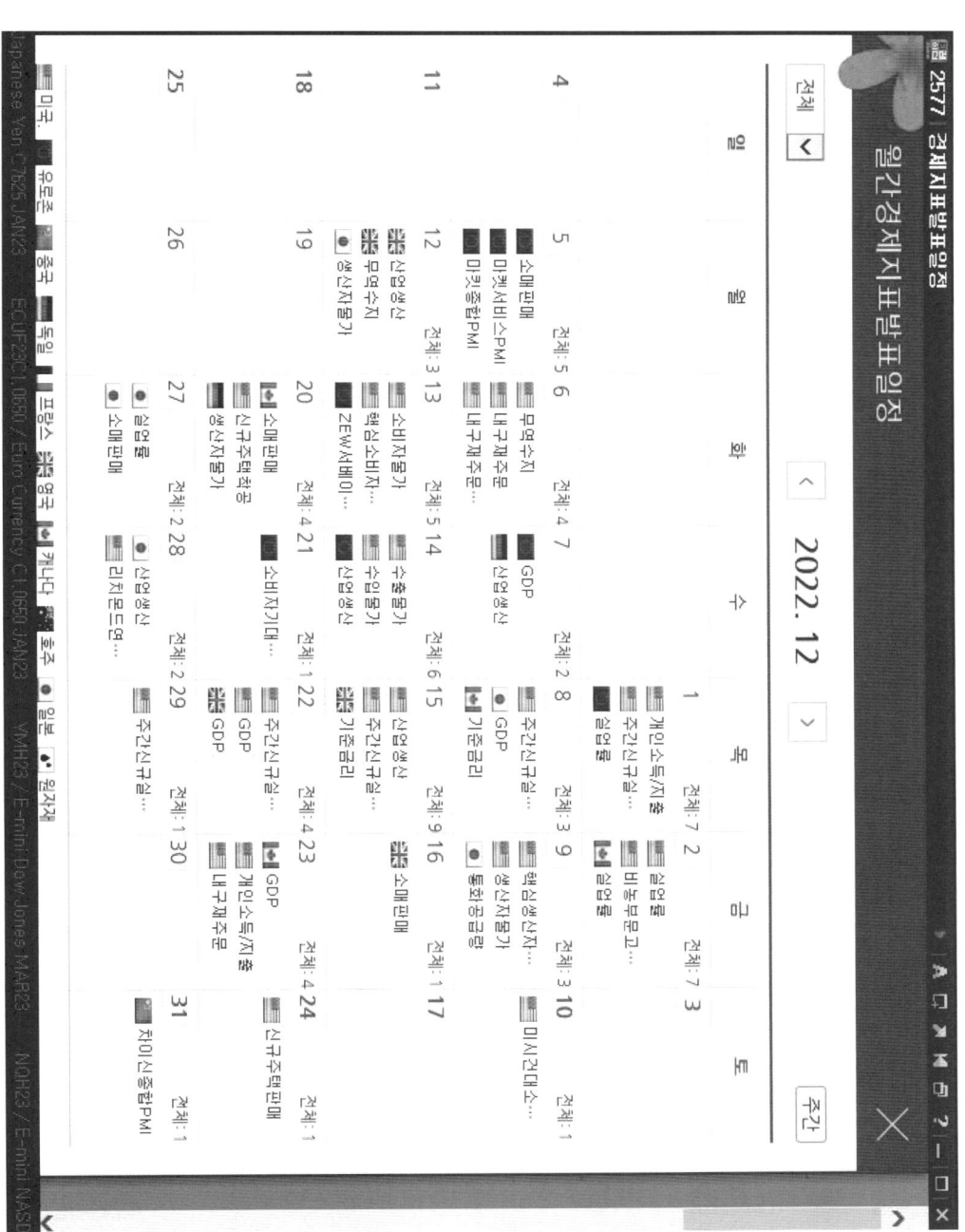

뉴스

일자	시간	제목	구분
2022/12/25	07:00:01	[뉴욕증시-주간전망] 산타는 정말 오지 않을까	연합인포(미국)
2022/12/24	06:35:59	[뉴욕마켓워치] 연준 선호 인플레 둔화...주가↑국채↓달러 혼조	연합인포(미국)
2022/12/24	06:27:02	뉴욕증시, 물가 둔화 속에 상승...다우 0.53%↑마감	연합인포(미국)
2022/12/24	06:12:32	뉴욕환시, 물가 둔화에. PCE 물가지표 소화하며 혼조	연합인포(미국)
2022/12/24	05:10:29	뉴욕유가 러시아 감산 경고에 상승	연합인포(미국)
2022/12/24	05:00:31	뉴욕채권 미 국채가, PCE 물가 지표에 하락	연합인포(미국)
2022/12/24	04:57:48	뉴욕 금가격 성탄절 연휴 앞두고 상승	연합인포(미국)
2022/12/24	01:02:52	경기침체 예상되면서 빨리스케어 대형주에 대한 선호 나타나	10트리(미국)

[뉴욕마켓워치] 연준 선호 인플레 둔화...주가↑국채↓달러 혼조

제공처: 연합인포(미국) 제공일시: 2022/12/24 06:35:59

[뉴욕=연합인포맥스] 국제경제부 = 23일(미 동부시간) 뉴욕증시는 크리스마스 연휴를 앞두고 연방준비제도(연준·Fed)가 선호하는 물가 지표가 둔화됐다는 소식에 상승했다. 국채 가격은 인플레이션 지표가 예상에 대체로 부합한 것으로 풀이되면서 하락했다. 크리스마스 연휴 등을 맞아 거래 부진 속에 인플레이션 완화에 대한 대응으로 감산을 추진한다고 밝히면서 상승했다. 뉴욕유가는 러시아가 서방이 도입한 가격상한제에 대한 대응으로 감산을 추진한다고 밝히면서 상승했다.
◇ 주식시장 미 상무부에 따르면 11월 개인소비지출(PCE) 가격지수는 지난해 같은 기간보다 4.7% 올라 전월의 5.0% 상승보다 둔화됐다. 이는 예상치인 4.6%을 소폭 웃돌았다. 11월 근원 PCE 가격지수는 전월 대비로는 0.2% 올라 시장 예상에 부합했다. 직전의 0.3%보다 상승폭이 낮아졌다. 11월 개인소비지출(PCE)은 전월보다 0.1% 증가해 전월 수치가 0.9%보다 상승폭이 둔화됐고, 11월 미국 내구재(국방 이외 사용 가능한 제품) 수주는 전월보다 2.1% 감소해 4배월 만에 감소세로 돌아섰다. 이들 수치는 시장 예상치인 1.1% 감소보다 부진했다.
12월 미시간대 소비자심리지수는 59.7로 최종 집계됐다. 이전 예비치인 59.1에서 0.6포인트 상승한 것으로 전월의 56.8보다 개선됐다.
한편, 1년 기대 인플레이션은 4.4%로 예비치인 4.6%에서 추가 하락했다. 전월에는 4.9%였다. 5년 장기 기대인플레이션은 2.9%로 예비치인 3.0%에서 하락했다. 전월에는 3.0%였다.
◇ 주식시장 뉴욕증권거래소(NYSE)에서 다우존스30산업평균지수는 전장보다 176.44포인트(0.53%) 오른 33,203.93으로 거래를 마쳤다.

1-5 상품별 월물 행사가 콜옵션 풋옵션

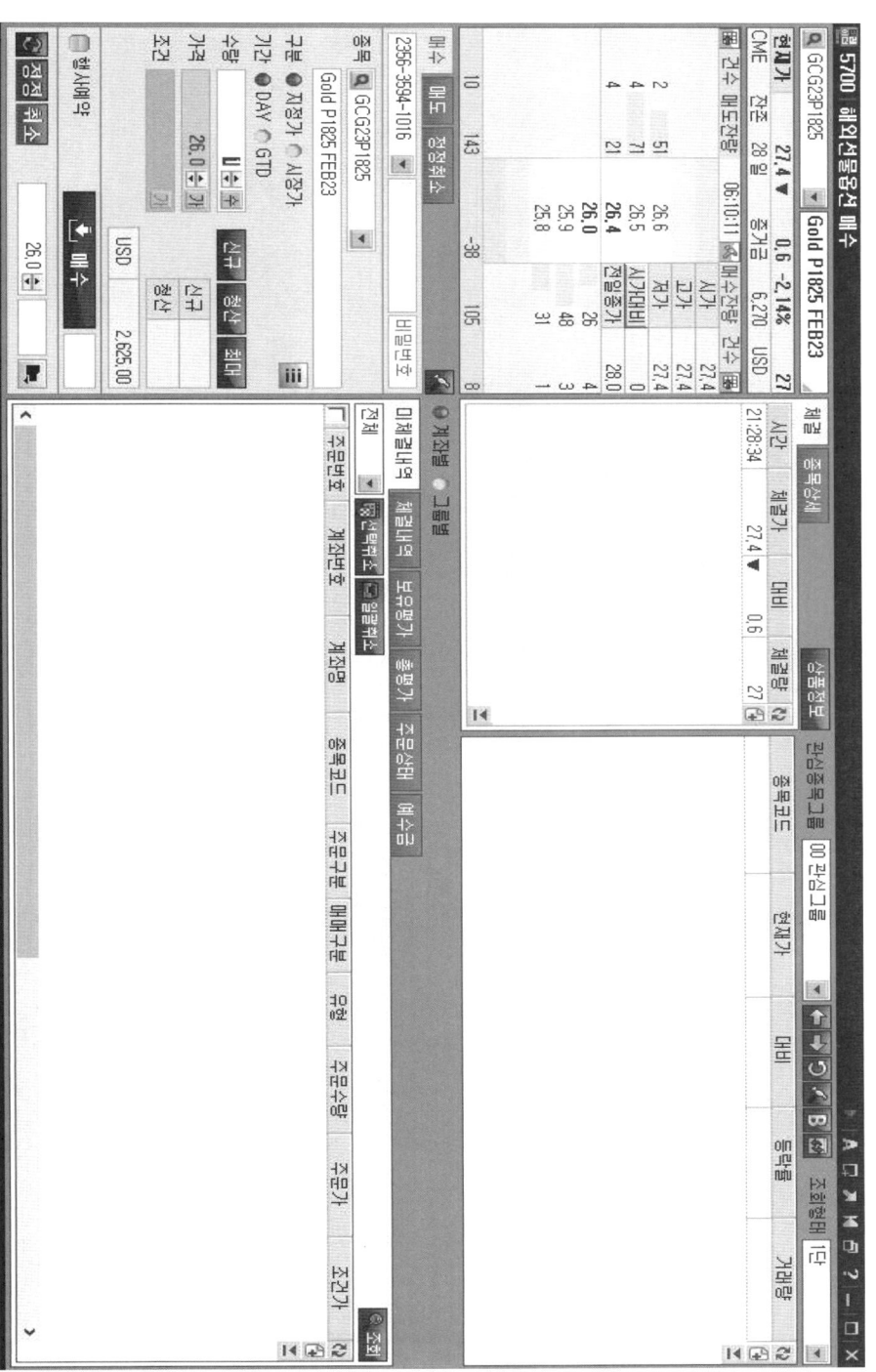

12월 31일 골드콜옵션 30.9 3115달러

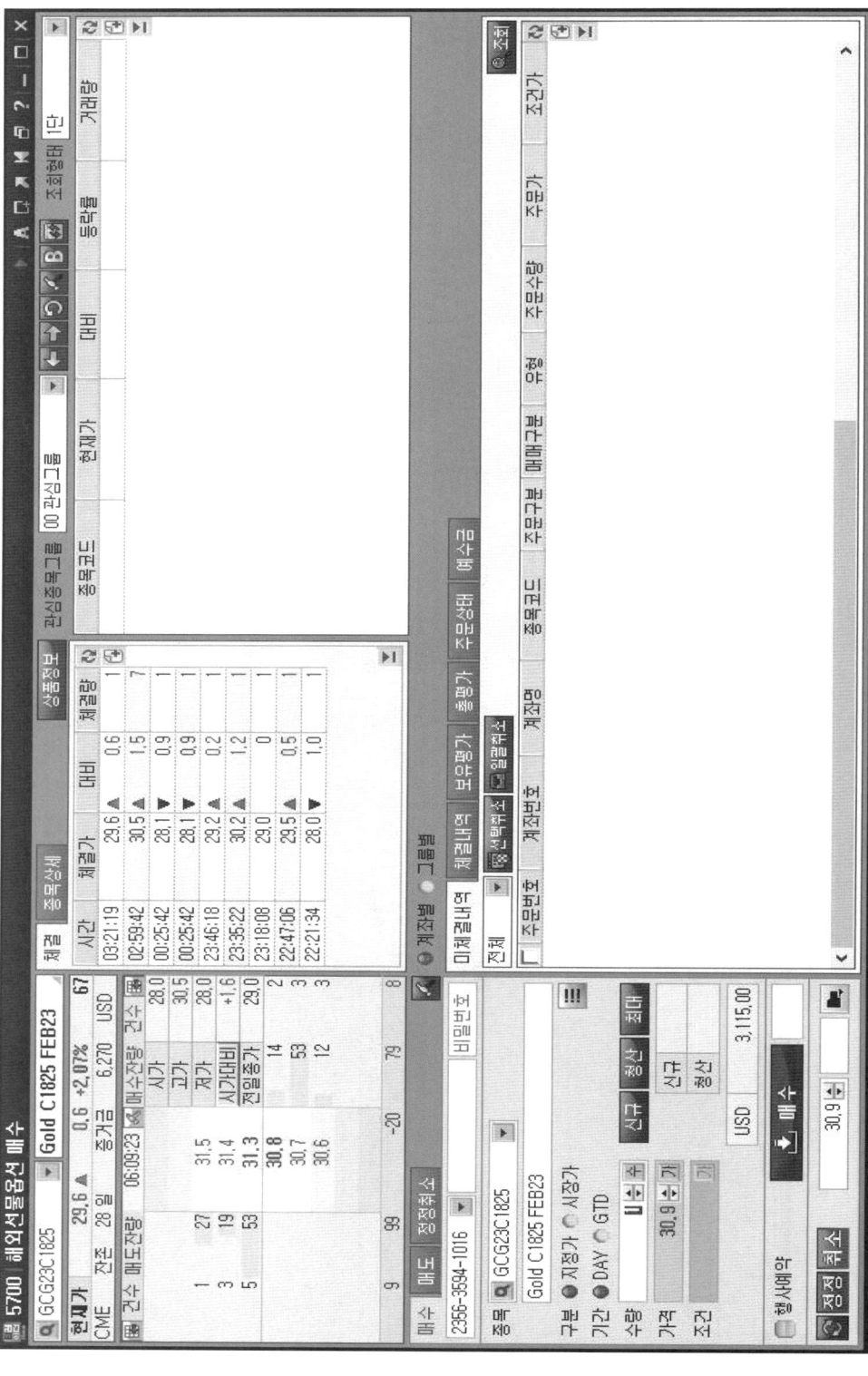

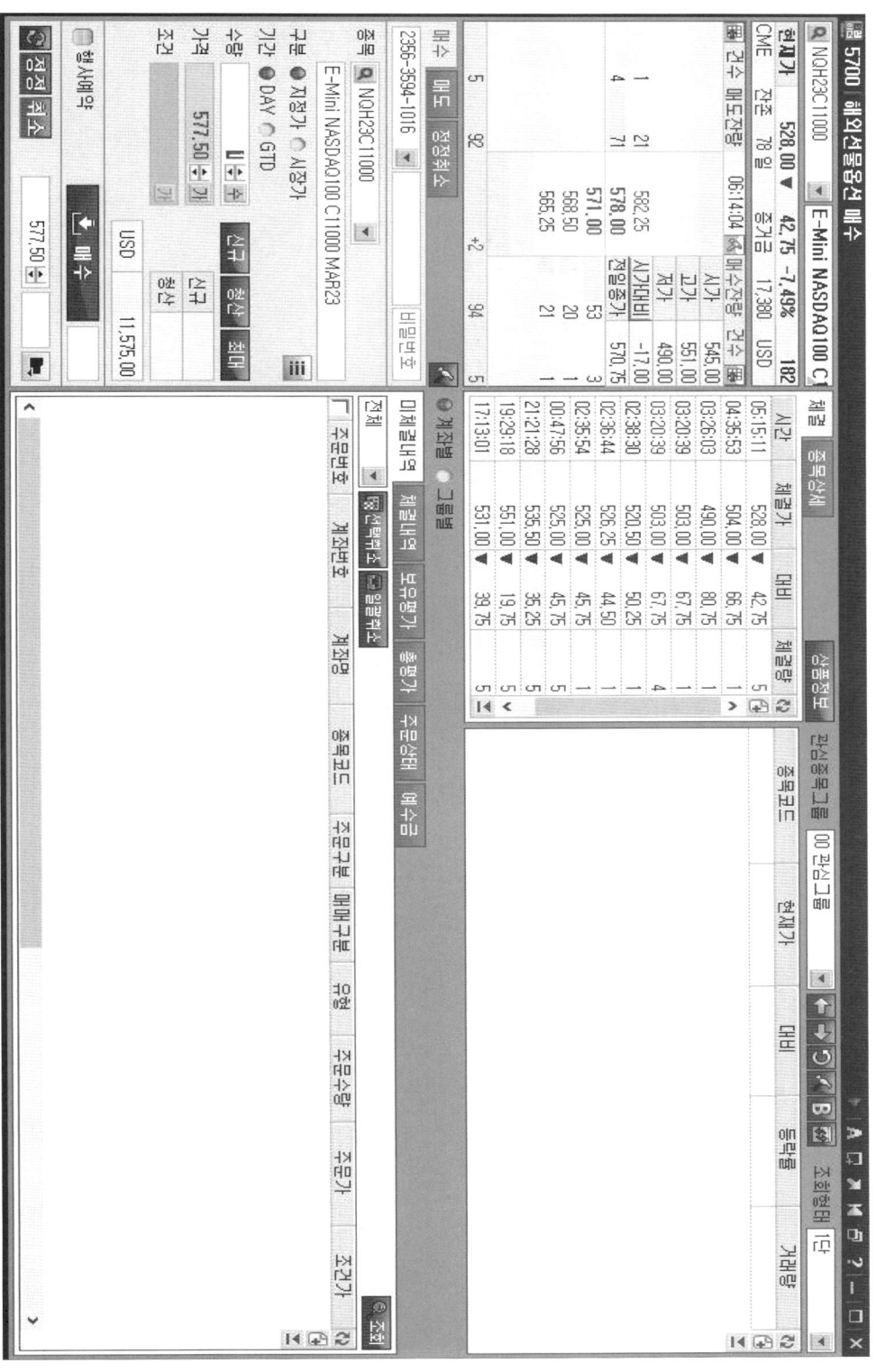

12월 31일 나스닥풋옵션 495 프리미엄 9960달러

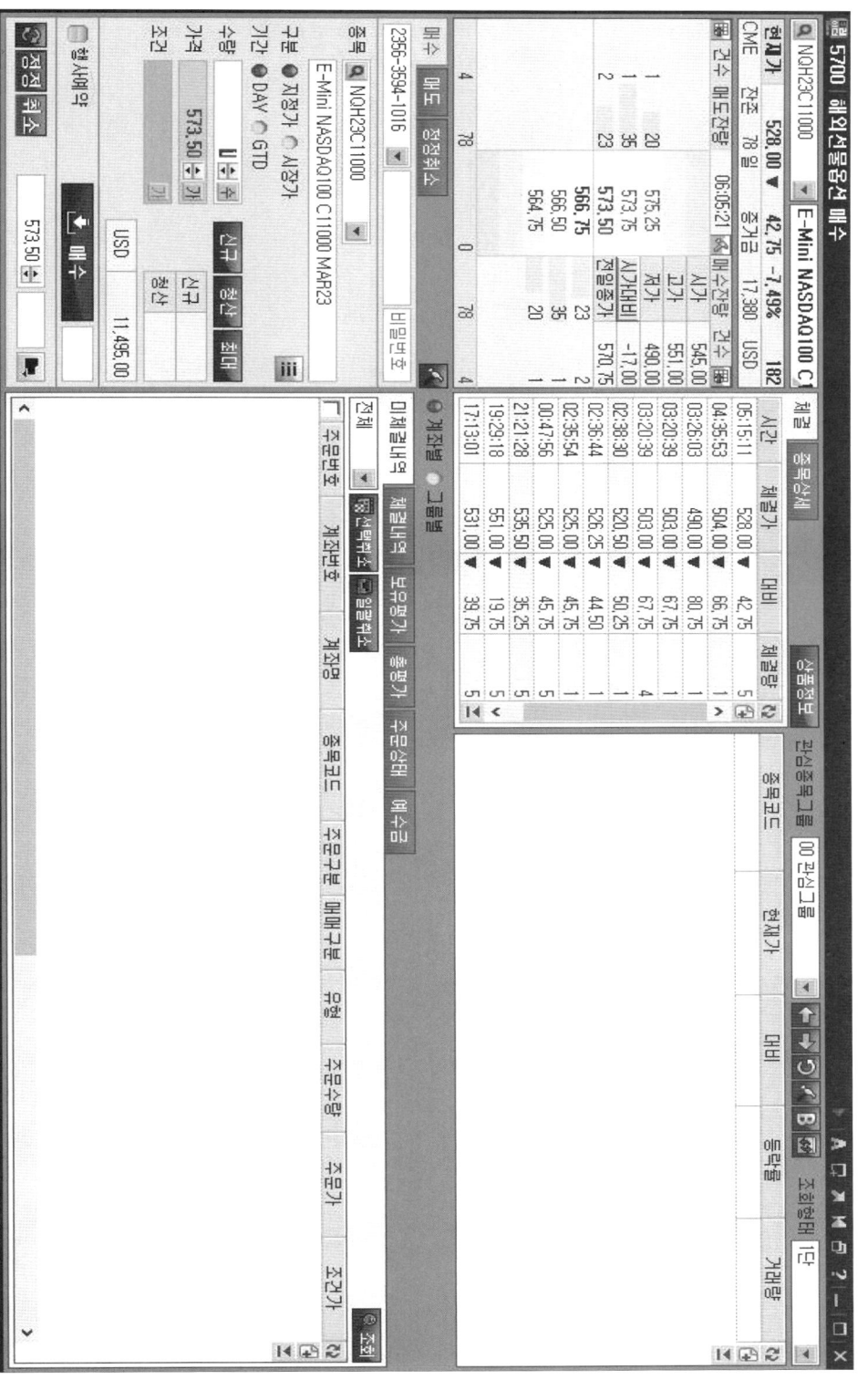

12월31일 에스엔피풋옵션 150

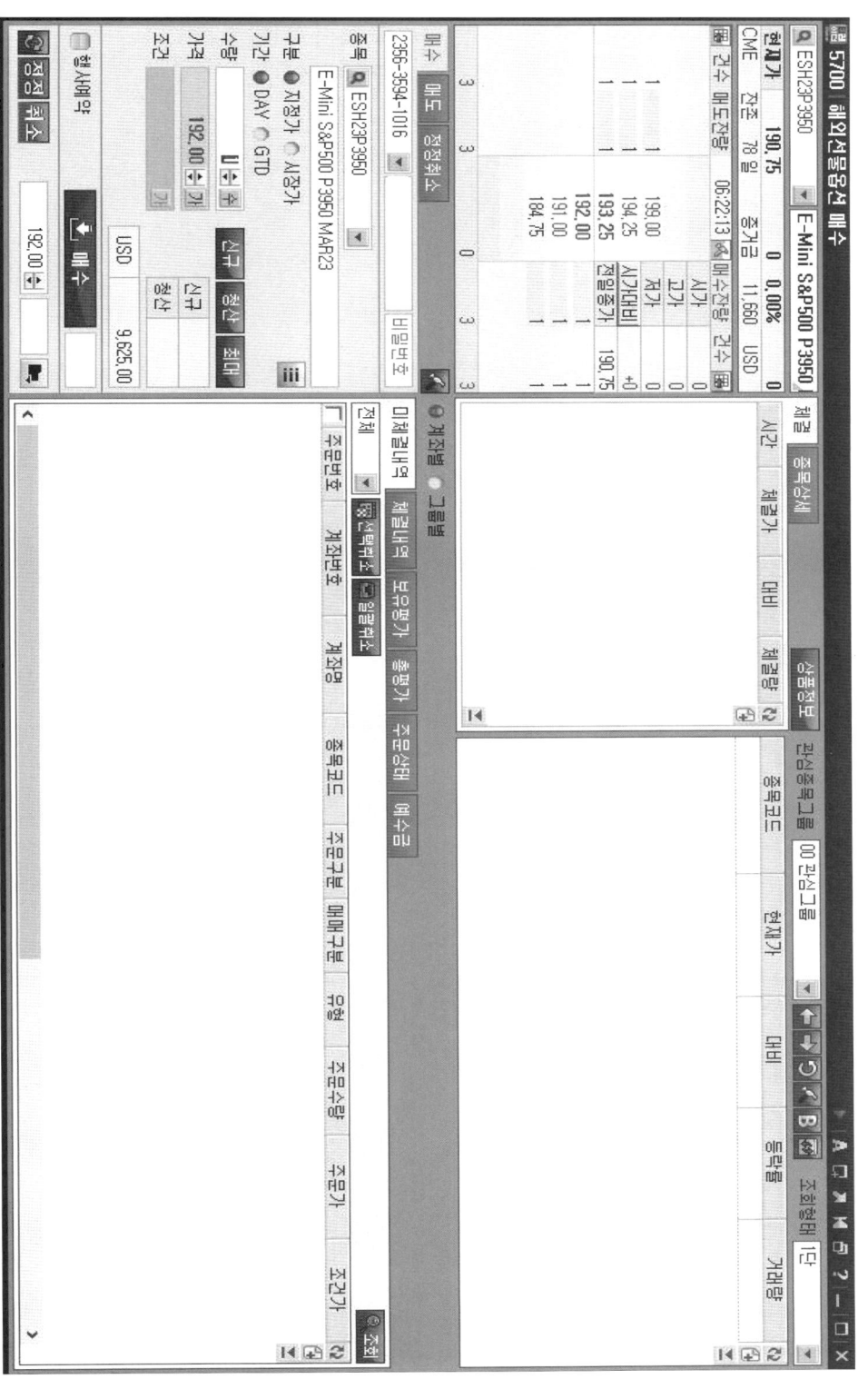

예스엔피3900행사가 192프리미엄 9625달러

에스앤피3950행사가 110 프리미엄 5525달러

제2장
옵션의 이해

2-1 옵션 가격 결정
2-2 선물옵션의 이해

1-1 옵션의 가격 결정

1. 옵션가격 결정

(1) 이항모형 가격결정

■ CRR모형

① 무위험 헤지포트폴리오 : 보유 포트폴리오의 가격변동에 상관없이 만기시 확실한 보장가치를 얻는다는 가정 ⇨ 옵션의 가격은 상승/하락할 확률 및 투자자의 위험선호도와 무관함

가격결정 예

현재 주식의 가격(S)이 40이고 3개월 후 주가는 45 또는 35가 된다고 하자. 이 때 주식의 만기가치와 콜옵션의 만기가치는 다음과 같다.

즉, 주식의 만기가치   콜옵션의 만기가치

         45   5

   40   C

         35   0

이제 주식 1주를 매입하고 콜옵션 n개를 매도(행사가격 = 40)한다고 가정하면 보유 포트폴리오의 만기시 가치는 다음과 같다.

              45−5n

   40−n×C

              35−0n

한편, 만기가치의 불확실성을 완전히 제거하려면 45 − 5n = 35 이고 n=2 즉, 2개의 콜옵션을 매도하면 주가의 변동에 상관없이 만기시 확실한 35의 가치를 얻을 수 있다. 이것이 무위험 헤지포트폴리오의 개념이다.

현재시점의 포트폴리오 보유비용은 40−2C이고 기말에 35의 가치가 되므로 만약 3개월 동안의 이자율이 2%라 가정하면 유럽형 콜옵션의 가격은 다음과 같다.

(4C−2C)(1C+0.02)=35 C=2.84

---

② 위험 중립적 가치평가 : 옵션 가격은 투자자의 위험 선호도와 무관하므로 투자자들이 위험중립적이라고 가정

> 가격결정 예
> 현재 주식의 가격(S)이 40이고 45로 상승할 확률을 p, 35로 하락할 확률을 (1−p), 그리고 3개월간 무위험이자율은 2%라 하면 위험 중립적 가정하에
> 주식의 만기기대가치 = 현재가치(1+무위험이자율)
> 즉, 45p+35(1−p)=40(1+0.02) 따라서 p=0.58(58%)이다.
> 한편, 콜옵션의 만기가치
> E(C)=5p+0(1−p)=5×0.058+0×0.42=2.90
> 이제 콜옵션의 만기가치를 이자율로 할인하여 현재가치를 구하면
>
> C =   =   =2.84   그러므로 C=2.84
>
> ※ 결론 : 위의 2가지 가정 모두 옵션의 현재가치는 동일하다. 즉,
> − 옵션의 가치는 주가가 상승 또는 하락할 확률과는 무관하게 결정된다.
> − 옵션의 가치는 투자자들의 위험선호도에 관계없이 결정된다.
> − 옵션의 가치를 설명하는 확률변수는 기초주식의 가격뿐이다.

(2) 블랙─숄즈의 주식옵션의 가격결정

■ **기본가정**

① 기준물의 거래가 불연속이 아니라 지속적(Continuous)으로 이루어지므로 항상 가격의 변동이 일어나고 있다.
② 기준물의 1일 가격변동치가 로그정규분포를 따른다.
③ 옵션 잔존기간 동안 무위험 이자율이 변하지 않는다.
④ 가격의 변동성은 옵션의 잔존기간 동안 고정되어 있다.
⑤ 옵션 잔존기간 동안 주식 배당금이나 쿠폰같은 배당금의 지불이 없다.
⑥ 유럽식 옵션의 가격을 산정한다.

■ **유럽형 콜옵션과 풋옵션의 가격(배당이 없는 경우)**

$C = S \cdot N(d_1) - X \cdot e^{-rt} \cdot N(d_2)$

$P = -S \cdot N(-d_1) + X \cdot e^{-rt} \cdot N(-d_2)$

■ **유럽형 콜옵션과 풋옵션의 가격(배당이 있는 경우)**

$C = S(d) \cdot N(d_1) - X \cdot e^{-rt} \cdot N(d_2)$

$P = S(d) \cdot N(-d_1) + X \cdot e^{-rt} \cdot N(-d_2)$

(3) 변동성과 옵션가격

■ **개요**

① 옵션가격 결정 요인 중 변동성은 미래치를 추정하는 것이므로 모든 사람이 동일한

값을 찾는 것은 쉽지 않다.
② 변동성이 과대평가된 옵션은 시장가격이 이론가격에 비해 과대평가 되고, 변동성이 과소평가된 옵션은 시장가격이 이론가격에 비해 과소평가되는 경향이 있다.
③ 잔존기간이 긴 옵션의 시장가격에 내재된 변동성은 잔존기간이 짧은 것에 비해 크다.

■ **추정방법**
① 역사적 변동성(Historical Volatility Estimates) : 기초자산가격의 변화로부터 변동성을 추정 ⇒ 과거의 가격자료를 이용, 표준편차를 구함
② 내재 변동성(Implied Volatility) : 옵션가격을 이용하여 그 옵션가격이 대표하는 가격변동성을 추정
  ㉠ $C = f(S, X, r, t, \sigma)$에서 미지수 σ를 찾는다.
  ㉡ 옵션기준물의 위험 정도에 대한 여러 시장 참가자들의 평가를 대변함
  ㉢ 계산이 복잡(컴퓨터가 처리)
  ㉣ 옵션 종류마다 내재변동성은 다 다르다.
  ㉤ 추정시 ATM 옵션의 가중치를 가장 크게 한다.
③ 변동성 스마일(smile) : 등가격콜옵션의 내재변동성이 가장 낮고 내가격과 외가격콜 옵션의 내재변동성이 상대적으로 높은 현상
④ 변동성 스머크(smirk) : 내가격콜옵션의 내재변동성이 가장 낮고 외가격콜옵션의 내재변동성이 상대적으로 높은 현상

2. 옵션 및 옵션합성 포지션의 분석

(1) **옵션의 민감도지표** : 델타(Δ), 감마(Γ), 쎄타(Θ), 베가(ν), 로(ρ)

■ 델타(Delta, Δ) = $\dfrac{\text{옵션가격의 변화분}}{\text{기초자산가격의 변화분}}$

① 정의 : 기초자산의 가격변화에 대한 옵션프리미엄의 변화의 민감도
② 범위 : $0 \leq \Delta C \leq 1$, $-1 \leq \Delta P \leq 0$
③ ITM델타는 ± 1, ATM 델타는 ± 0.5, OTM 델타는 0에 가깝다.
④ 기초자산가격이 상승할수록 콜, 풋옵션의 델타는 모두 상승한다.
  (콜은 0⇒1, 풋은 -1⇒0)
⑤ 델타는 헤지비율을 결정하는데 사용한다. 즉, h = 1/델타

예 델타 -0.5인 풋옵션을 이용하여 기초자산 10단위를 헤지하려면?
   X h=1/0.5=2이므로 20계약의 풋을 매입
⑥ 델타중립포지션 : 기초자산가격의 움직임에 무관한 상태, 헤지포지션을 의미
예 델타 0.6인 콜옵션 1개와 델타 -0.3인 풋옵션 2개 보유시
   X 포지션 총 델타 =0.6×1+-0.3×2=0 ⇒ 델타중립포지션
⑦ |△C|+|△P|=1
예 동일한 행사가격 콜의 델타 0.7이면 풋의 델타는?
   X |0.7|+|△P|=1에서 △P=-0.3

■ 감마(Gamma, Γ) = $\dfrac{\text{델타의 변화분}}{\text{기초자산가격의 변화분}}$

① 정의 : 기초자산의 변화에 따른 델타값의 변화비율
② 감마≥0, ATM 최대
③ 델타는 프리미엄 변화의 속도, 감마는 변화의 가속도를 의미
④ 감마가 클수록 델타중립포지션을 유지하기 어렵다.
⑤ 감마와 잔존기간
   • ATM옵션은 잔존기간이 짧을수록 감마증가
   • ITM, OTM옵션은 잔존기간이 짧을수록 감마 감소

예 콜옵션의 감마가 0.003이고 델타가 0.50일때 기초자산가격이 30포인트 상승하였다면 새로운 델타는?
   X 델타의 변화분=감마×기초자산가격의 변화분=0.003×30=0.09
      주가 상승시 델타는 증가하므로 새로운 델타 =0.50+0.09=0.59

(3) 쎄타(Theta, Θ) = $\dfrac{\text{옵션가격의 변화분}}{\text{시간의 변화분}}$

① 정의 : 시간의 경과에 따른 옵션가치의 변화분을 나타낸 값
② 쎄타≤0, ATM 최대
③ 만기가 다가올수록 시간가치는 급속히 감소하므로 쎄타는 커진다(절대값).

■ 베가(Vega, Kappa, ν) = $\dfrac{\text{옵션가격의 변화분}}{\text{변동성의 변화분}}$

① 정의 : 변동성계수의 증가에 따른 옵션프리미엄의 증가분
② 베가≥0, ATM 최대
③ 잔존기간이 길수록 베가는 증가한다(비례관계).

■ 로(Rho, ρ) = $\dfrac{\text{옵션가격의 변화분}}{\text{금리의 변화분}}$

① 정의 : 금리의 변화에 따른 옵션프리미엄의 민감도
② 콜은(+), 풋은(—)값 ⇒ 옵션가격에 비탄력적

(2) 민감도 분석
■ **옵션포지션과 시장상황**

민감도지표	포지션	시장상황
델타	+	기초자산가격이 상승하면 유리
	−	기초자산가격이 하락하면 유리
감마	+	기초자산가격이 크게 변할 때 유리
	−	기초자산가격이 천천히 변할 때 유리
쎄타	+	잔존기간이 짧을수록 유리
	−	잔존기간이 길수록 유리
베가	+	기초자산가격의 변동성이 클수록 유리
	−	기초자산가격의 변동성이 작을수록 유리
로	+	이자율이 상승시 유리
	−	이자율이 하락시 유리

■ **옵션포지션과 민감도지표와의 관계**

구축포지션	델타포지션	감마포지션	쎄타포지션	베가포지션
옵션기준물 매입	+	0	0	0
옵션기준물 매도	−	0	0	0
콜옵션 매입	+	+	−	+
콜옵션 매도	−	−	+	−
풋옵션 매입	−	+	−	+
풋옵션 매도	+	−	+	−
스트래들 매수	0	+	−	+
스트래들 매도	0	−	+	−

■ **동일한 행사가격에서**

① |△C| + |△P| = 1
② 콜의 감마 = 풋의 감마
③ 콜의 베가 = 풋의 베가

2-2 선물옵션의 이해

1. 옵션(options)의 이해

- 미래의
- 특정 날짜에 – 만기일
- 특정 자산을 – 기초자산
- 일정한 가격으로 – 행사가격
- 일정한 수량만큼 – 거래단위
- 매입하거나 – 콜옵션(call options)
- 매도할 수 있는 – 풋옵션(put options)
- 권리를 말한다.

2. 옵션시장의 발전역사

17세기 초 네덜란드의 튤립을 기초자산으로 하는 튜율립뿌리옵션(tulip bulb options)이 거래 되었으며, 17세기 말에는 영국에서 주식에 대한 옵션이 거래되었다. 18세기 말에는 미국에서 뉴욕을 중심으로 증권중개업자들이 풋콜옵션중개인협회(The Put and Call Brokers and Dealers Association)를 조직하여 주식옵션의 장외거래를 시작하였다. 이들 주식옵션거래는 주로 1일, 1주일, 1개월 만기의 단기거래로서 투기적인 거래가 성행하게 됨에 따라, 1921년에 선물거래법(Futures Trading Act)에서 옵션거래를 불법으로 규정하였으며, 1936년에는 상품거래소법(Commodity Exchange Act)에서 옵션거래를 전면 중단시켰다.

그 후 1973년 4월 6일에 시카고옵션거래소(Chicago BoardO ptionsExchange : CBOE)가 설립되어 16개 주식에 대한 콜옵션이 거래되기 시작하였으며, 1977년 6월 3일부터 주식에 대한 풋옵션 거래가 허용되었다. 1982년에 필라델피아증권거래소(Philadelphia Stock Exchange : PHLX)는 외환 옵션을 거래하기 시작하였으며, 1936년에 중단된 상품 선물옵션거래는 1982년 10월부터 다시 거래가 허용되었다.

3. 옵션의 종류

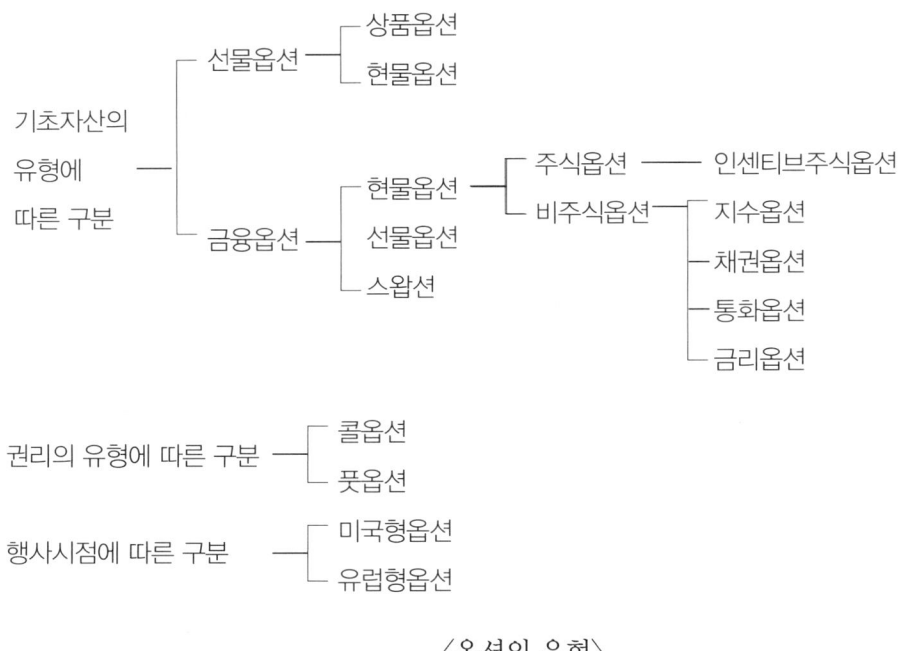

〈옵션의 유형〉

4. 콜옵션(call options)

미래의 특정 날짜에 특정자산을 미리 정한 가격으로 일정한 수량만큼 살 수 있는 권리를 콜옵션(call options)이라고 한다.
예 : 보통주, 신주인수권, 전환사채의 전

5. 풋옵션(put options)

미래의 특정 날짜에 특정자산을 미리 정한 가격으로 일정한 수량만큼 팔 수 있는 권리를 풋옵션(put options)이라고 한다.
예 : 은행의 보증, 보험회사의 보험 등

6. 미국형옵션(American options)

- 미국형 옵션(American options)이란 만기일 이전에는 어느 때에나 권리를 행사할 수 있는 옵션을 말한다.
- 미국형 콜옵션은 만기일 이전에 원하는 때에 특정의 자산을 특정한 가격으로 일정한 수량만큼 매입 할 수 있는 권리가 부여된 옵션을 말한다.
- 미국형 풋옵션은 만기일 이전에 원하는 때에 특정의 자산을 특정한 가격으로 일정한 수량만큼 매도 할 수 있는 권리가 부여된 옵션을 말한다.

7. 유럽형 옵션(European options)

- 유럽형 옵션(European options)이란 만기일에만 권리를 행사할 수 있는 옵션을 말한다.
- 유럽형 콜옵션은 만기에만 특정의 자산을 특정한 가격으로 일정한 수량만큼 매입할 수 있는 권리가 부여된 옵션을 말한다.
- 유럽형 풋옵션은 만기에만 특정의 자산을 특정한 가격으로 일정한 수량만큼 매도할 수 있는 권리가 부여된 옵션을 말한다.

8. 주식옵션(stock options : SO)

개별주식옵션(stock options : SO)이란 개별 주식을 기초자산으로 하는 옵션으로서, 미국의 경우 주식체가 통상적으로 100단위로 거래되기 때문에 보통 1계약(one contract)은 특정의 행사가격에 100주를 사거나 팔 수 있는 권리를 부여한다.
예 : IBM, Kodak, General Motors 등

9. 인센티브주식옵션

인센티브주식옵션(incentive stock options : ISO) 제도는 미국에서 1981년 Economic Recovery Tax Act에 의해 채택된 제도로서, 주식지분을 갖지 않은 경영자 또는 종업원에게 주인의식을 가지고 경영활동 및 조직활동에 종사할 수 있도록 하기 위하여 사원들에게 일정 기간이 지난 후에 자기 회사의 주식을 약정 당시의 가격으로 살 수 있는 권리를 부여하는 제도

이다. 즉, 주식가격이 오르더라도 사원들이 자기 회사의 주식을 싼값으로 살 수 있도록 보장해 줌으로써 사원들에게 근로의욕을 고취시키는 일종의 보상제도이다. 인센티브 주식옵션제도는 단기적인 보상 제도인 봉급, 보너스, 그리고 이익 참여제도(profit-shring plan)와는 달리 장기적인 보상 제도라는 점에 그 특징이 있다. 이 제도에서 종업원에게 주식을 특별 가격(일반적으로 낮은 가격)으로 살 수 있도록 한 옵션을 제공하게 되며, 이 경우의 옵션은 증여세가 면세된다. 옵션 행사 후 일 년 동안 보유한 후에 매도한 주식에서 발행한 이익은 과거 자본이득세가 과세되었으나 현재는 보통 소득과 같이 과세된다.

10. 주가지수옵션

- 주가지수옵션(stock index options : SIO)은 각국 주식시장의 지수를 지초 자산으로 하여 거래가 성립되는 옵션을 말한다.
- 미국의 경우 지수옵션으로 S&P 100, S&P 500, Major Market, NYSE Composite 등이 있다.
- 한국의 경우 KOSPI 200을 기초자산으로 하는 주가지수옵션이 1997년 7월 7일부터 거래되고 있다.

11. 한국의 주가지수(KOSPI 200)옵션

- 우리 나라의 경우 KOSPI 200 현물지수를 기준으로 연속 3개월 및 3월, 6월, 9월 12월 중 최근월물 1개를 결제월로 하여, 4개의 결제월을 두고 있다.
- 우리나라의 주가지수옵션거래는 주가지수선물거래와 마찬가지로 최종거래일은 각 결제월의 두 번째 목요일(공휴일인 경우 순차적으로 앞당김)이며, 거래개시일은 최종거래일의 익일(공휴일인 경우 순차적으로 연기시킴)이다.
- 주가지수 옵션 계약의 거래단위는 KOSPI 200 옵션가격(premium)에 10만원을 곱한 값을 1계약으로 정하여 거래를 한다. 따라서 주가지수 옵션계약의 금액을 다음과 같이 구할 수 있다.

12. 주가지표의 산정방법

1) 주가지수(stock price index)

어떤 기준시점에 있어서의 주식시장 전체의 가격수준을 100으로 하여 비교시점의 가격수준을 표시하는 방법이다.

① 단순주가지수(equally weighted stock price index) : 채용하는 주식들의 가격 합계를 기준시점과 비교시점별로 각각 계산하고 비교시점의 주기 합계를 기분 시점의 주가 합계로 나누어서 그 상대치를 구하는 방법이다.

$$단순주가지수 = \frac{\sum_{i=1}^{n} P_{ti}}{\sum_{i=1}^{n} P_{0i}} \times 100$$

단, n = 채용하는 주식 수
P_{0i} = 기준시점(0)의 각 주식의 가격(i = 1, 2, ..., n)
P_{ti} = 비교시점(t)에서의 각 주식의 가격(i = 1, 2, ..., n)
$\sum_{i=1}^{n} P_{0i}$ = 기준시점의 주가합계
$\sum_{i=1}^{n} P_{ti}$ = 비교시점의 주가합계

② 가중 주가지수(seighted price index) : 각 증권의 상대적 중요도를 가중치로한 주가지수이다. 특히 각 주식의 총 시장가치(= 주가 x 주식 수)를 가중치로 하여 계산된 주가지수를 가치가중주가 지수(value-weighted price index)라고 한다. 미국의 스탠다드 & 푸어 주가지수(Standard & Poor Index)와 1983년 이후 우리나라에서 사용하는 주가지수가 이 방 법을 택하고 있다.

$$가중주가지수 = \frac{\sum_{i=1}^{n} W_{ti} P_{ti}}{\sum_{i=1}^{n} W_{0i} P_{0i}} \times 100$$

단, W_{0i} = 기준시점(0)에서의 증권i의 가중치
W_{ti} = 비교시점(t)에서의 증권i의 가중치

③ 개별지수 평균 : 각 증권별로 기준시점에 대한 비교시점의 주가지수를 구하고, 이 개별 주식의 주가지수에 대한 단순평균을 구하는 방법이다.

$$개별지수평균 = \frac{1}{n}\sum_{i=1}^{n}\frac{P_{ti}}{P_{0i}} \times 100$$

2) 주가평균(price average)

어떤 특정 시점에 있어서 각 주식의 가격에 대한 평균치로서 기준시점과 비교시점의 비교를 행하는 것이 아니라는 점에서 주가지수와 차이가 있다.

① 단순주가평균 : 채용하고 있는 주식의 주가 합계를 채용 종목수로 나눈 것으로서, 이는 주식시장 전체의 가격수준을 표시함에 있어 중요도가 상대적으로 크거나 작은 주식의 영향을 적절하게 반영하지 못한다는 단점이 있다.

$$단순주가평균 = \frac{\sum_{i=1}^{n}P_{ti}}{n}$$

단, P_{ti} = 특정시점 t에서의 주식 i의 가격

n = 채용종목수

② 가중주가평균 : 채용하고 있는 주식들의 가격을 각 주식의 상대적 중요도를 반영하는 가중치로써 가중평균한 것이다. 이때 가중치로는 시장가치, 거래금액, 상장주식 수 등이 사용된다.

$$가중주가평균 = \sum_{i=1}^{n}\frac{W_{ti}}{\sum_{i=1}^{n}W_{ti}}P_{ti}$$

단, W_{ti} = 특정시점 t에서의 주식 i의 가중치

P_{ti} = 특정시점 t에서의 주식 i의 가중치

③ 수정주가평균 : 유상증자나 무상증자 등이 이루어진 경우에 주가의 연속성을 유지하기 위하여 일정한 수정을 가한 주가를 수정주가라 하는데, 수정주가평균은 채용하고 있는 주식의 수정주가의 단순평균 또는 가중평균을 의미한다.

수정주가평균은 서로 다른 여러 시점에 대하여 투자자 전체의 부의 변동을 표현하는데 적절한 시장지표로서 미국의 다우-존스 주가평균(Dow Jones Average)이 이에 속한다. 다우-존스 주가 평균은 채용 종목의 주가 합계를 수정 제수(adjusted divisor)로 나누어 구하는 대표적인 방법이다. 예를 들면, 어떤 지표가 A, B, C 세 가지 주식의 주가평균으로 구해진다고 할

때, 특정 날짜의 주가가 모두 100,000원에 거래되고 있었다면 그날의 주가평균은 다음과 같이 100,000원이 될 것이다.

$$주가평균 = \frac{100,000 + 100,000 + 100,000}{3} = 100,000(원)$$

그 후 며칠이 지나서 주식 A에 대하여 1주당 0.5주의 무상주가 배정되었다고 하자. 다른 모든 조건이 일정하다고 하면, 기존에 주식 A를 1주 가지고 있던 투자자는 무상주 배당을 받은 후 주식수는 1.5주로 증가하였으나 기업의 가치에는 아무런 변화가 없었으므로 주가는 66,667원 (=100,000원÷1.5주)으로 하락하게 된다.

이때 무상주의 배정의 결과 주주부에는 아무런 변화가 없고 단지 주식 수만 증가하였으므로 무상주배정 전과 후의 시장지표는 동일한 값을 가져야 하므로 수정제수는 다음과 같이 구할 수 있다.

무상주배정 전 주가평균 = 무상주배정 후 수정주가평균

$$= \frac{무상주배정후수정주가합계}{수정제수}$$

$$\therefore 수정제수 = \frac{무상주배정후수정주가합계}{무상주배정전주가평균}$$

$$\therefore 수정제수 = \frac{66,667 + 100,000 + 100,000}{100,000} = 2.667$$

이와 같이 무상주배정 후의 수정주가 합계를 기존의 제수인 3대신 수정 제수 2.667로 나누어 줌으로써 주가평균의 연속성을 확보할 수 있다. 그러므로 수정제수는 무상증자나 유상증자의 영향을 수정주가로 반영하면서 다음과 같이 나누어 주는 숫자를 조정할 때 사용된다.

$$\therefore 무상주배정 \ 후 \ 수정주가평균$$
$$= \frac{66,667 + 100,000 + 100,000}{2.667} \cong 100,000(원)$$

3) 우리나라의 주가지표

한국증권거래소는 매일의 종합주가지수(Korea Composite Stock Price Index : KOSPI)를 발표하고 있는데, 과거에는 다우-존슨 주가평균과 같은 방법으로 매일의 수정주가평균을 구하고, 1975년 1월 4일의 수정주가평균을 100으로 하여 매일의 종합주가지수를 구하였다. 그러나 1983년 1월 4일부터는 스탠다드 & 푸어주가지수에서처럼 매일의 시가총액을 기준시점인 1980년

1우러 4일의 시가총액과 대비하여 종합주가지수를 구하고 있다.

$$종합주가지수 = \frac{비교시점의시가총액}{기준시점의시가총액} \times 100$$

$$= \frac{비교시점의시가총액}{1980년 1월 4일의시가총액}$$

채용종목은 상장된 보통주식 모두를 포함하고 있으며, 신규상장, 유상증자, 상장폐지 등이 발생할 경우에는 기준 시점의 시가총액을 수정하여 주고 있다.

$$신기준시가총액 = 구기준시가총액 \times \frac{수정전일의시가총액 \pm 변동액}{수정전일의시가총액}$$

3) 외국의 중요 주가지표

① 다우-존스산업평균지수(DJIA) :
1884년 월 스트리트 저널(Wall Street Journal)의 창시자인 찰스 다우(Charles Dow)가 처음 창안한 것이다. 이 지수의 계산방법은 뉴욕증권시장에 상장되어 있는 30개의 가장 안정된 주식을 표본으로하여 시장가격을 평균으로 하는 방법을 쓰고 있으며, 주식분할, 주식배당 등의 변화에 대하여 제수를 조정하여 사용하고 있다. 제수를 수정하는 방법을 앞에서 살펴본 것과 같은 방법이다.
한편, 다우-존스 산업 평균 지수에 대한 비판은 다음과 같다.
- 표본의 수가 적어서 이를 기초로 한 주가 지수는 시장 전반적인 동향을 대변할 수 없으며, 또한 표본에 선택된 주식의 성격이 상장되어 있는 모든 주식의 성격을 대표할 수 없다는 것이다.
- 주식가격에 가중하여 지수 가격을 계산하는데 대한 비판이다.
- 지금은 안정되고 그 기업이 속하여 있는 기업의 주식을 택하였다고 하나, 그 주식이 산업을 대표할 수 없을 때는 표본을 새로 구성하여야 한다. 표본을 새로 구성하면 전과는 다른 성격의 지수가 되며, 전의 지수와 연속성을 유지시키기 어렵다.

② Standard and Poor's 500
미국의 스탠다드 & 푸어 회사에서 발표하는 것으로서 500개의 표본으로부터 지수가 계산되는 데, 종목은 400개의 산업주(industrial stock), 40개의 전기·전화·가스 등 공공사업(utilities), 20개의 운송과 관련된 회사(transportations), ₩20개의 금융회사(financial)의 주식뿐 만이 아니라 장외(over-the-counter)에서 거래되고 있는 주식도 포함하였다. 이 지

수는 발행 주식의 시가총액에 기준을 두어서 계산하고 있으며, 1941~1943년의 평균 주식가격을 10이라고 기준 하여 사용하고 있다.

3) 뉴욕증권시장지수

스탠다드푸어의 지수방법에 따라 기업의 총 발행 주식 가치로 가중하여 계산한다. 뉴욕증권시장지수는 뉴욕증권시장에서 거래되는 주식을 모두 포함하여 계산하는데 1965년 12월 31일을 기준시점으로 하여 50의 기본지수로 시작하였다.

4) 동증지수와 日經다우평균

일본 동경 증권거래소에서 발표하는 것이 동증지수이다. 1950년부터 다우존스방법에 의한 동증지수를 발표해 오다가 1969년 이를 폐지하고 시가총액법으로 바꾸고, 채용종목도 전종목으로 바꾸어 1968년 1월 4일을 기준전으로 계산하고 있다. 종전에 사용하던 다우존스 방법은 일본경제신문에서 이어받아, 日經다우평균이라하여 발표되고 있으며, 이 일경다우평균의 기준시점은 1949년 5월 16일로 하고 있고, 지수계산을 위한 채용종목수는 225이다.

5) 주가지표 산정의 주의점

① 채용종목 : 시장지표를 작성하는데 포함되어야 할 채용종목은 주식시장에서 거래되는 모든 주식들이어야 하나 편의를 위하여 몇 개의 주식만을 택하여 채용종목을 삼는 것이 일반적이다. 따라서 시장지표가 진정한 의미의 시장의 가격지표로서의 역할을 하지 못하는 부분이 존재하게 된다.
② 가중방법 : 가중평균의 목적은 각 주식의 상대적 중요도를 반영하는 것이므로 시장지표는 주식 시장 전체의 가격수준뿐 아니라 주식투자가 전체의 부의 변동을 나타내 줄 수 있는 지표로도 이용될 수 있어야 한다. 이를 위해서 가치가중평균이 사용되는데, 이는 채용종목 전체의 시장 가치 총계에 대한 각 주식별 시장가치 합계의 비율을 가중치로 한 가중평균이다.
③ 평균의 선택 : 산술평균은 어떤 특정 시점에 있어서의 평균치를 나타내는 데 적합하고, 기하평균은 변화의 패턴 또는 상태를 나타내는 데 적합하므로 사용목적에 따라 어떤 평균의 방법을 택할 것인가를 결정하여야 한다.

13. 채권옵션(bond options : BO)

- 채권옵션(bond options : BO)은 채권을 기초자산으로 하는 옵션이다.
- 미국의 경우 채권옵션으로 중기재정증권(T-Note), 장기재정증권(T-Bond) 등에 대한 현물옵션과 CBOT Bond 선물에 관한 옵션거래가 이루어지고 있다.

14. 통화옵션(currency options : CO)

- 통화옵션(currency options : CO)은 각국의 통화를 기초자산으로 하는 옵션이다.
- Australian dollar, British pound, Canadian dollar, French Franc, German mark, Japanese Yen, Swiss franc 등을 기초자산으로 거래되고 있다.

15. 선물옵션(options on futures : OF)

- 선물옵션(options on futures : OF)은 선물계약을 기초자산으로 하는 옵션으로서, 일반적으로 선물 계약의 만기일은 옵션의 만기일에 가깝다.
- 미국의 경우 옥수수, 대두, 원유, 생우유, 유로달러, 통화선물, T-Bond 등에 대한 선물계약을 기초자산으로 하는 선물옵션이 활발히 거래되고 있다.

16. 스왑션(swaptions : options on swaps)

- 스왑션(swaptions : options on swaps)이란 스왑과 옵션의 결합된 형태로서 변동금리의 지급의무가 있는 거래 당사자가 변동금리가 특정 이자율을 상회하거나 하락하는 경우에 변동금리를 고정금리로 전환할 수 있는 권리가 부여된 스왑거래를 말한다.
- 스왑션의 매입자는 특정금리보다 시장금리가 상회하는 경우에는 고정금리로 변환하는 옵션을 행사하게 되면 특정 금리보다 상회하는 부분만큼 스왑션의 매도자로부터 환급받고, 특정금리보다 시장금리가 하락하는 경우에는 특정 금리보다 하락하는 부분만큼 스왑션의 매도자에게 지급함으로써 결과적으로 특정 금리에 지급의무를 고정시키는 효과를 가져온다.

17. 스왑(swaps)

- 스왑(swaps)이란 두 거래 당사자간에 각자의 지급의무를 일정 기간 동안 서로 교환하여 부

담하는 거래를 말한다. 스왑거래는 두 거래 당사자들이 자신의 지급의무로 인하여 발생하는 위험을 회피할 목적으로 사용하는 거래 기법으로서, 주로 채권과 관련된 지급 의무를 그 교환의 대상으로 한다.

18. 옵션관련용어

- 롱(long : buy)과 숏(short : sell, write)
- 포지션(position)
- 등가격(at-the money)
- 내가격(in-the money)
- 외가격(out-of-the money)

19. 등가격(at-the money)

- 기초자산의 가격과 행사가격이 동일한 상태에 있는 콜옵션 또는 풋옵션을 등가격(at-the money) 상태라고 한다.
- 기초자산의 시장가격 = 행사가격
- 등가격 상태에서 옵션을 행사하게 되면 이익도 손실도 발생하지 않게 된다.

20. 내가격(in-the money)

- 기초자산의 가격보다 행사가격이 낮은(높은)상태에 있는 콜옵션(풋옵션)을 내가격(in-the money)상태라고 한다.
  콜옵션의 경우 : 기초자산의 시장가격 〉 행사가격
  풋옵션의 경우 : 기초자산의 기장가격 〈 행사가격
- 특히 기초자산의 가격보다 행사가격이 매우 낮은(높은)상태에 있는 콜옵션(풋옵션)을 큰 내가격 (deep-in-themoney)상태라고 하며, 큰 내가격(deep-in-the money)상태의 콜옵션 또는 풋옵션은 만기 또는 만기 이전에 행사될 가능성이 매우 높다. 따라서 이러한 상태의 옵션은 상대적으로 높은 가격에 판매된다. 즉, 내 가격에서는 이익의 실현이 가능한 상태라는 것을 의미한다.

21. 외가격(out-of-the money)

- 기초자산의 가격보다 행사가격이 높은(낮은)상태에 있는 콜옵션(풋옵션)을 외가격(out-of-the money)상태라고 한다.
  콜옵션의 경우 : 기초자산의 시장가격 〈 행사가격
  풋옵션의 경우 : 기초자산의 시장가격 〉 행사가격
- 특히 기초자산의 가격보다 행사가격이 매우 높은(낮은)상태에 있는 콜옵션(풋옵션)을 큰 외가격(deep-out-of-the money)상태라고 하며, 큰 외가격(deep-out-of-the money)상태의 콜옵션 또는 풋옵션은 만기 또는 만기 이전에 행사될 가능성이 매우 낮다. 따라서 이러한 옵션은 상대적으로 낮은 가격에 판매가 된다. 즉, 외가격에서는 손실을 부담하게 되는 상태라는 것을 의미한다.

22. 옵션의 기능

- 위험 헷징(hedging)기능
- 주식투자의 레버리지효과 : 콜옵션의 경우
- 새로운 투자수단의 제공
- 공매에 대한 제약회피가능 : 풋옵션의 경우

23. 주식투자의 레버리지효과 : 콜옵션의 경우

- 옵션을 이용하는 경우에는 상대적으로 저렴한 옵션가격을 지불하고 주식투자의 효과를 달성할 수 있다. 즉, 콜옵션에 대한 투자의 경우 기초자산의 가격이 상승하면 일정한 투자자금으로 기초자산의 가격이 상승하면 일정한 투자자금으로 기초자산인 주식에 투자할 때 보다

24. 공매에 대한 제약회피가능 : 풋옵션의 경우

- 기초자산에 대한 공매(short selling)가 불가능한 경우 또는 제약이 있는 경우에 풋옵션을 이용함으로써 이러한 제약을 극복할 수 있다. 만약 미래에 기초자산의 가격이 하락할 것으로 예상이 된다면 기초자산을 대주(貸株)하여 현재 매도하고 미래에 실제로 기초자산의 가격이 하락하였을 때 낮은 가격으로 해당 기초자산인 주식을 매입하여 되돌려 줌으로써 차익을 실현하는 공매가 불가능할 때 풋옵션을 이용할 수 있다. 즉, 미래에 주가가 하락할 것

으로 예상되는 경우 당해 주식에 대한 풋옵션을 매입하고 미래에 실제로 기초자산의 가격이 하락하게 되면 시장에서 동일한 주식을 낮은 가격으로 구입하여 풋옵션을 행사하면 차익의 실현이 가능하다.

- 예 : 현재 주식의 가격이 40,000원이고, 1기간 후에 주가가 50,000원이 되었다고 할 때, 투자자가 현재 주식시장에서 직접 주식을 매입하는 경우의 수익률은 다음과 같이 25%이다.(단, 수수료와 화폐의 시간가치는 무시한다.)

$$R_S = \frac{P_{t+1} + P_t}{P_t} = \frac{50,000 - 40,000}{40,000} = 0.25(25\%)$$

- 그러나 투자자가 미래 1기간 후에 주식을 40,000원에 매입할 수 있는 권리(콜옵션)를 현재 2,000원에 매입하는 경우의 수익률은 다음과 같이 400%이다.

$$R_C = \frac{P_{t+1} - E - C}{C} = \frac{50,000 - 40,000 - 2,000}{2,000} = 4(400\%)$$

24. 공매에 대한 제약회피가능 : 풋옵션의 경우

- 기초자산에 대한 공매(short selling)가 불가능한 경우 또는 제약이 있는 경우에 풋옵션을 이용함으로써 이러한 제약을 극복할 수 있다. 만약 미래에 기초자산의 가격이 하락할 것으로 예상이 된다면 기초자산을 대주(貸株)하여 현재 매도하고 미래에 실제로 기초자산의 가격이 하락하였을 때 낮은 가격으로 해당 기초자산인 주식을 매입하여 되돌려 줌으로써 차익을 실현하는 공매가 불가능할 때 풋옵션을 이용할 수 있다. 즉, 미래에 주가가 하락할 것으로 예상되는 경우 당해 주식에 대한 풋옵션을 매입하고 미래에 실제로 기초자산의 가격이 하락하게 되면 시장에서 동일한 주식을 낮은 가격으로 구입하여 풋옵션을 행사하면 차익의 실현이 가능하다.

25. 콜옵션의 이익의 행태(profits profile)

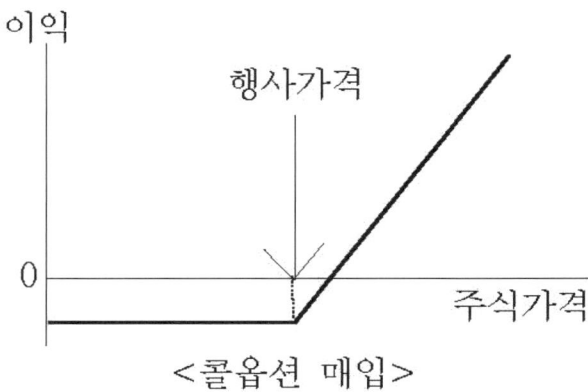

<콜옵션 매입>

<콜옵션 매도>

26. 콜옵션 가치의 행태(value profile)

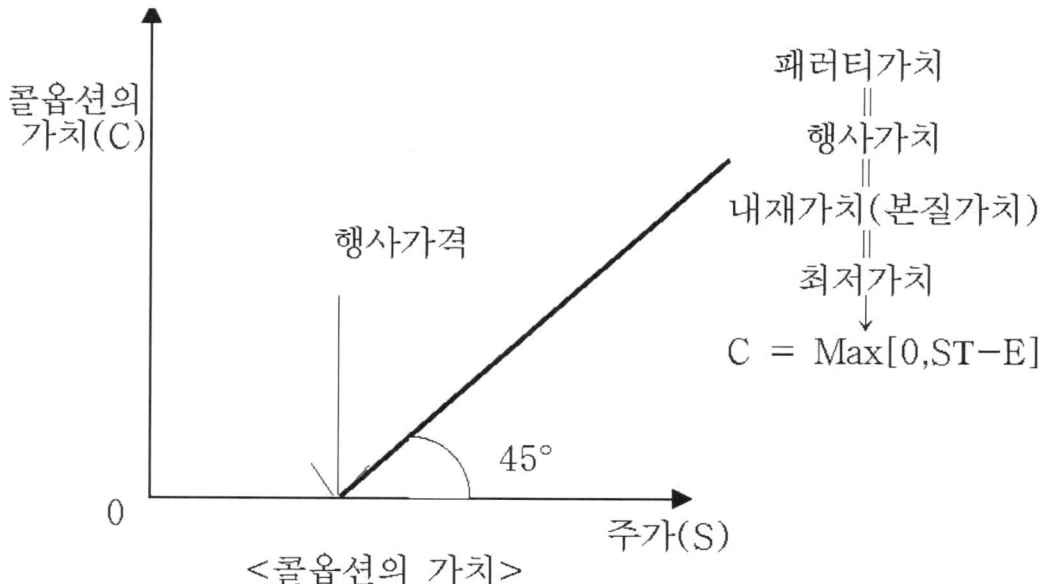

<콜옵션의 가치>

27. 미국형 콜옵션 가치의 행태

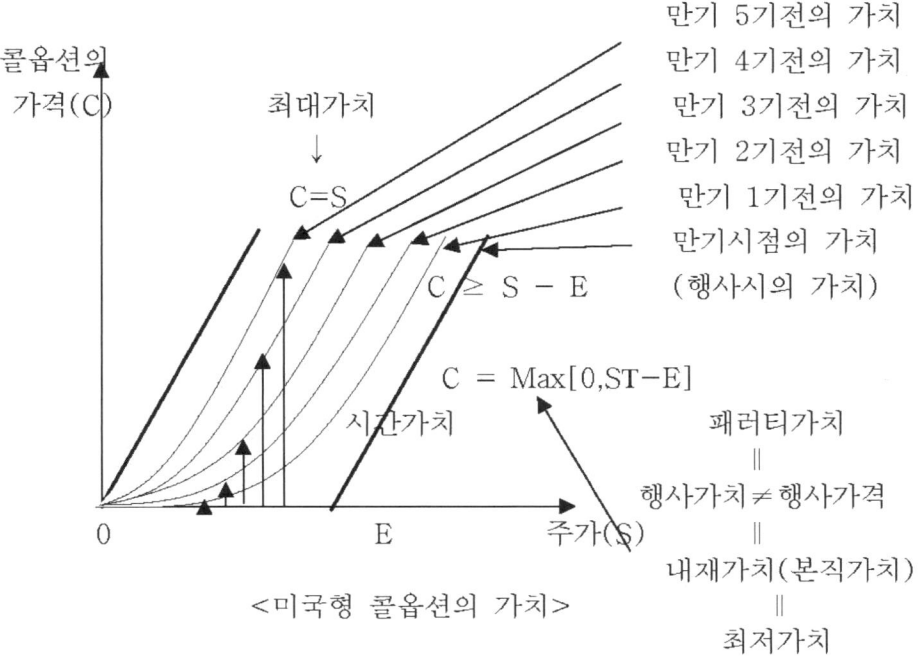

<미국형 콜옵션의 가치>

28. 유럽형 콜옵션의 가치의 행태

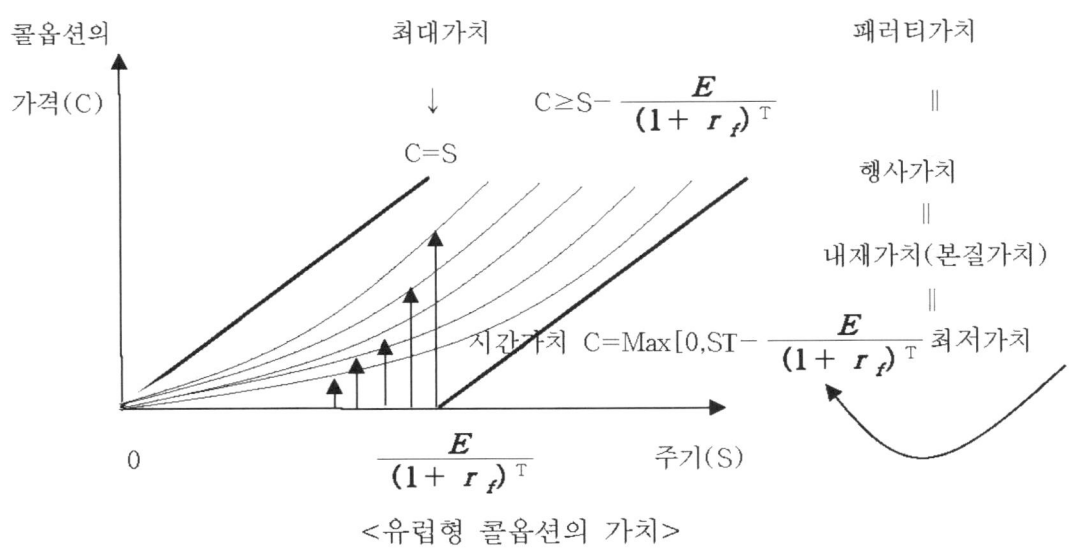

<유럽형 콜옵션의 가치>

29. 콜옵션의 시간가치의 행태

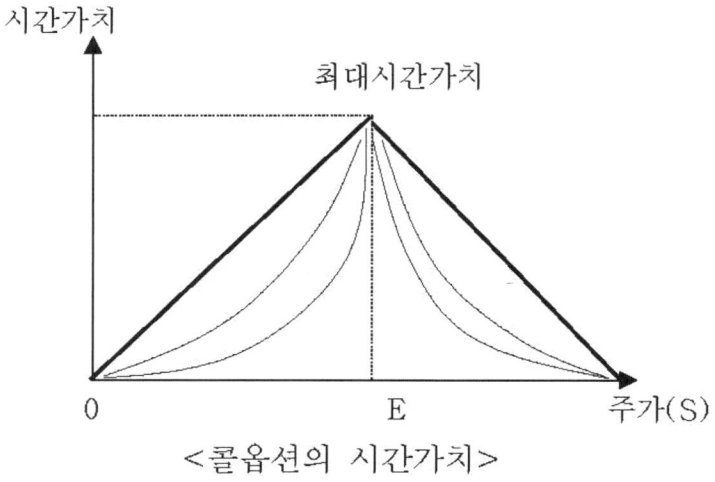

<콜옵션의 시간가치>

30. 풋옵션 이익의 행태(profits profile)

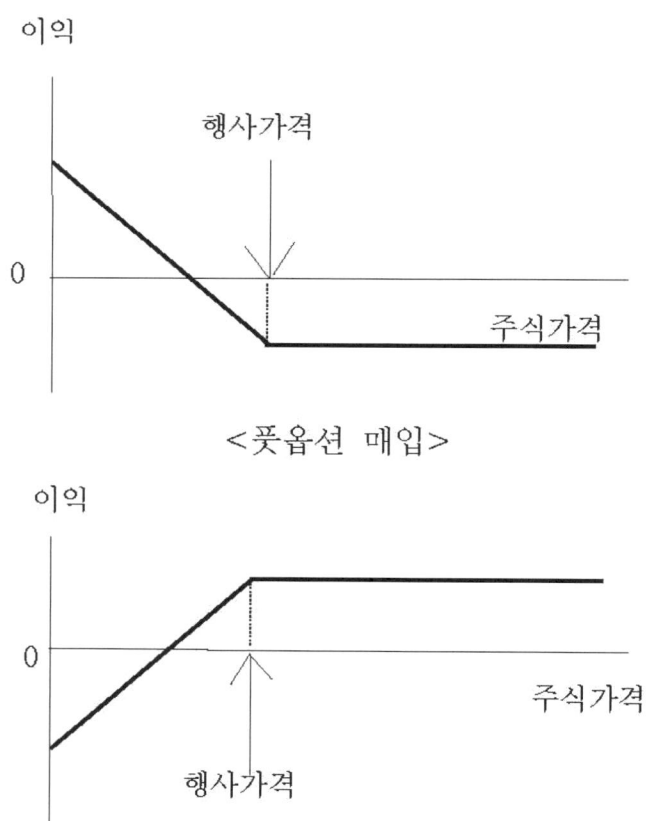

<풋옵션 매입>

31. 풋옵션 가치의 행태(value profile)

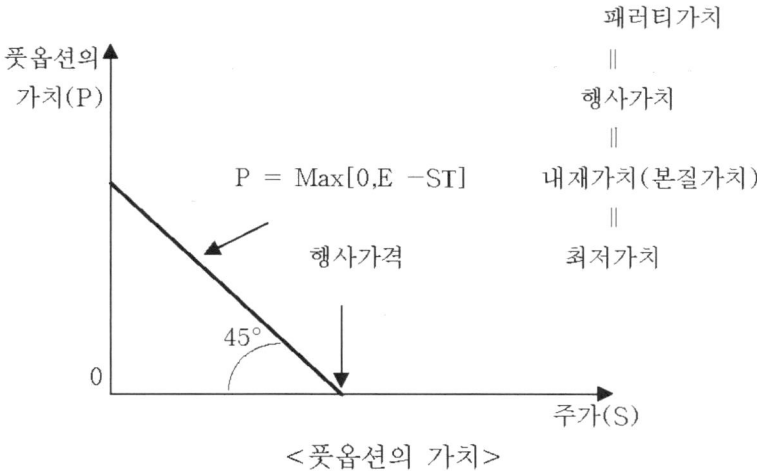

<풋옵션의 가치>

32. 미국형 풋옵션 가치의 행태

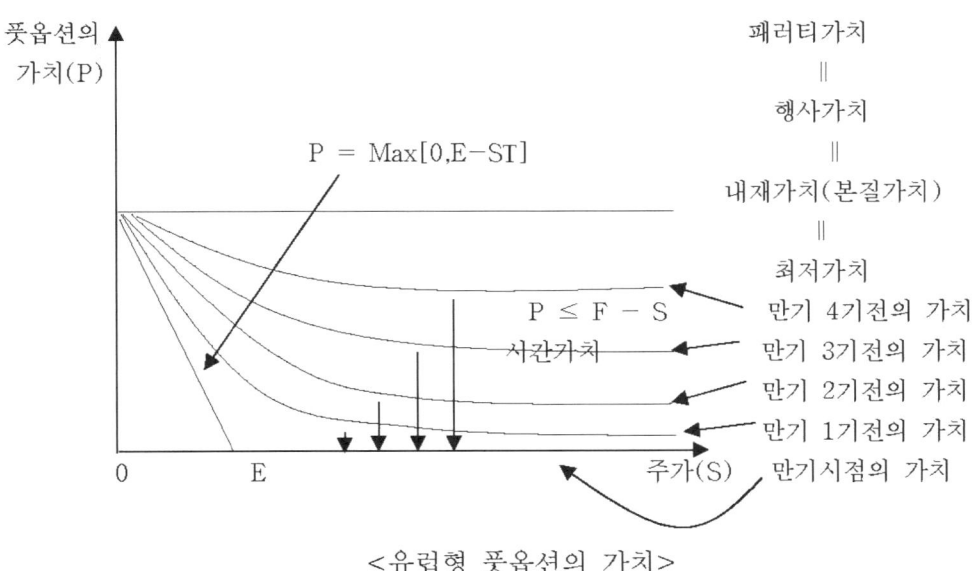

<유럽형 풋옵션의 가치>

33. 유럽형 풋옵션 가치의 행태

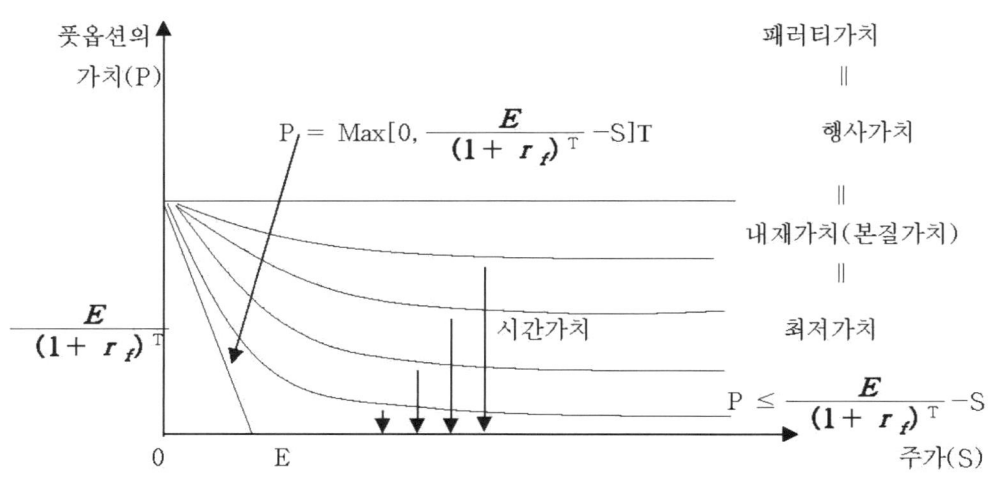

34. 콜옵션(call options)의 가격 결정 요인

$$C = f(S, E, T, \sigma^2, R, d)$$

단, C = 콜옵션의 가격(call price or premium)
  S = 기초자산(underlying asset)의 가격
  E = 행사가격(striking or exercise price)
  T = 만기(expiration)까지의 기간
  σ^2 = 기초자산가격의 일일 분산(variance)
  R = 시장이자율(market interest rate)
  d = 기초자산의 주당 현금배당률(cash dividend ratio)

35. 기초자산가격과의 관계

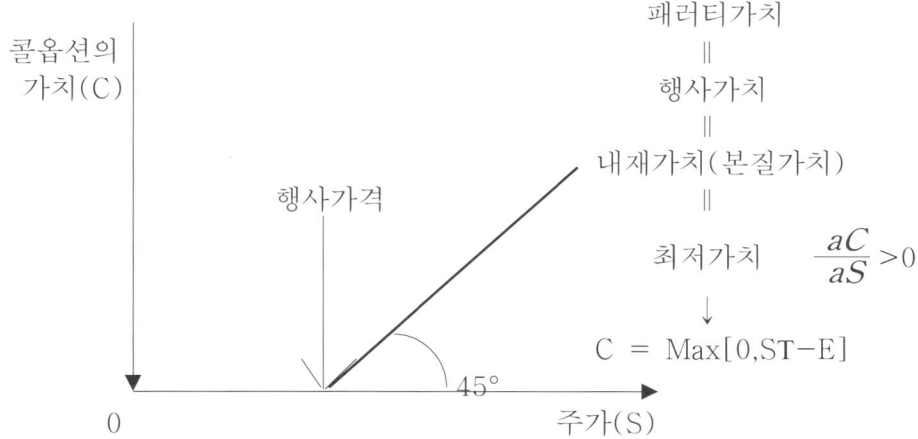

기초자산의 가격 ↑ => 콜옵션의 이익(또는 이익 실현 가능성)↑
=> 콜옵션의 가치 ↑

36. 행사가격과의 관계

$\frac{aC}{aS} <$

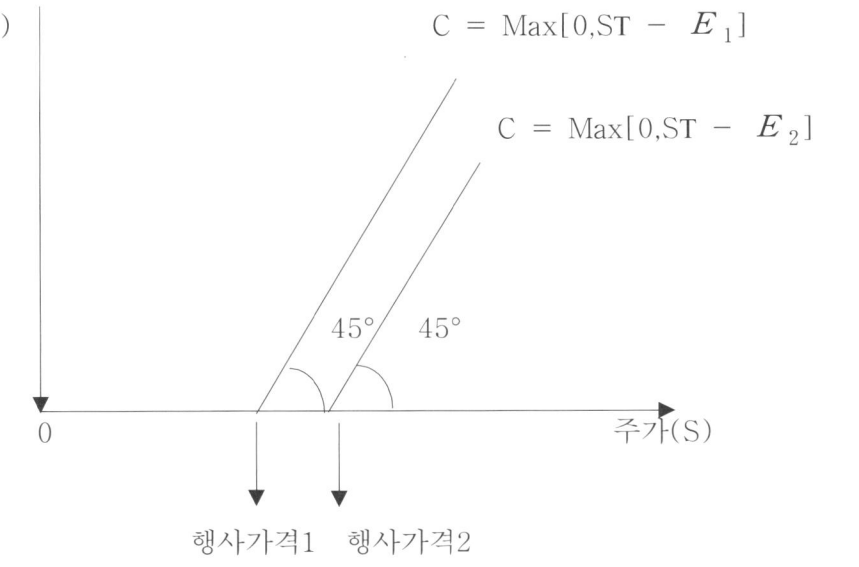

<콜옵션의 행사가격과 콜옵션의 가치>

37. 유럽형 풋옵션 가치의 행태

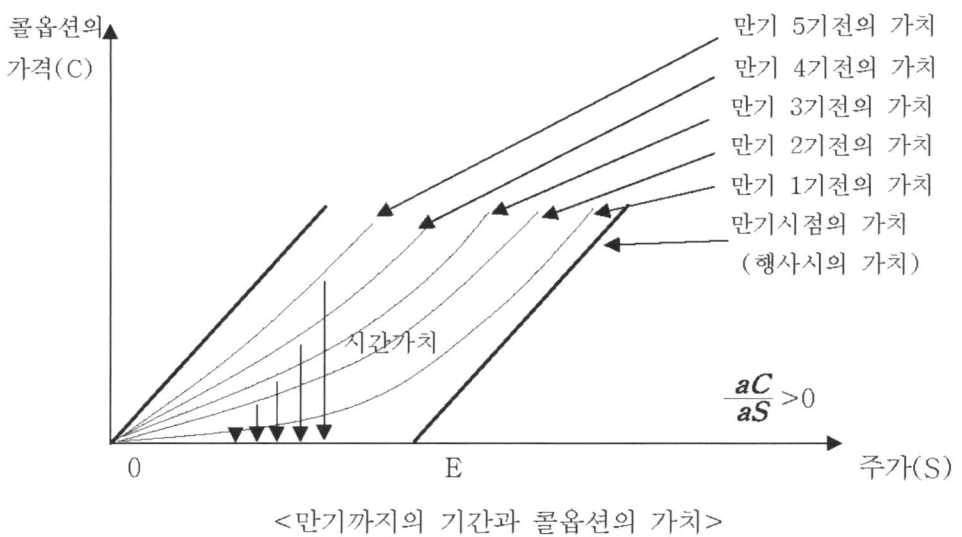

<만기까지의 기간과 콜옵션의 가치>

만기까지의 기간 ↑ => 콜옵션의 시간가치 ↑ => 풋옵션의 가치 ↑

38. 기초자산가격의 일별 분산

● **기초자산가격의 일별분산 ↑ ⇒ 콜옵션의 시간가치 ↑**
   ⇒ 콜옵션의 가치 ↑

$$\frac{aC}{a\,\sigma^2_{Asset}} > 0$$

39. 시장이자율

● 시장이자율의 증가 ⇒ 행사가격의 현재가치 감소

$$\frac{aC}{aR} > 0$$

40. 기초자산의 현금 배당률

● 현금배당이 클수록 기초자산의 가격이 많이 하락하게 되므로 콜옵션의 가치는 하락하게 된다. 즉, 행사가격이 주어져 있을 때, 다음의 콜옵션 등가식(parity)식에서 현금배당에 의해 기초자산의 가격이 하락하면 콜옵션의 가치도 하락한다.
● 현금배당 ↑ => 기초자산가격 ↓ => 콜옵션가치 ↓

$$C = Max(0, S_T - E)$$

41. 기초자산의 현금 배당률

$$C = f(S, E, T, \sigma^2, R, d)$$
$$\quad\quad + \ - \ + \ + \ + \ -$$

단, C = 콜옵션의 가격(call price or premium)
S = 기초자산(under lying asset)의 가격
E = 행사가격(striking or exercise price)
T = 만기(expiration)까지의 기간
σ^2 = 기초자산가격의 일일 분산(variance)
R = 시장이자율(market interest rate)
d = 기초자산의 주당 현금배당율(cash dividend ratio)

42. 풋옵션(put options)의 가격결정요인
42. 룻옵션(put options)의 가격 결정 요인

$$P = f(S, E, T, \sigma^2, R\ d)$$

단, P = 풋옵션의 가격(put price or premium)
S = 기초자산(underlying asset)의 가격
E = 행사가격(striking or exercise price)
T = 만기(expiration)까지의 기간
σ² = 기초자산가격의 일일 분산(variance)
R = 시장이자율(market interest rate)
d = 기초자산의 주당 현금배당률(cash dividend ratio)

43. 기초자산 가격과의 관계

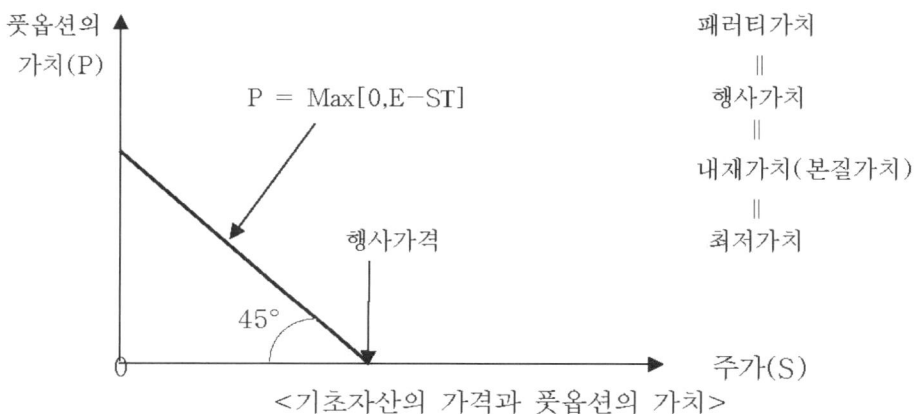

<기초자산의 가격과 풋옵션의 가치>

기초자산의 가격 ↑ => 풋옵션의 이익(또는 이익 실현 가능성) ↓
　　　　　　　　 => 풋옵션의 가치 ↓

44. 행사가격과의 관계

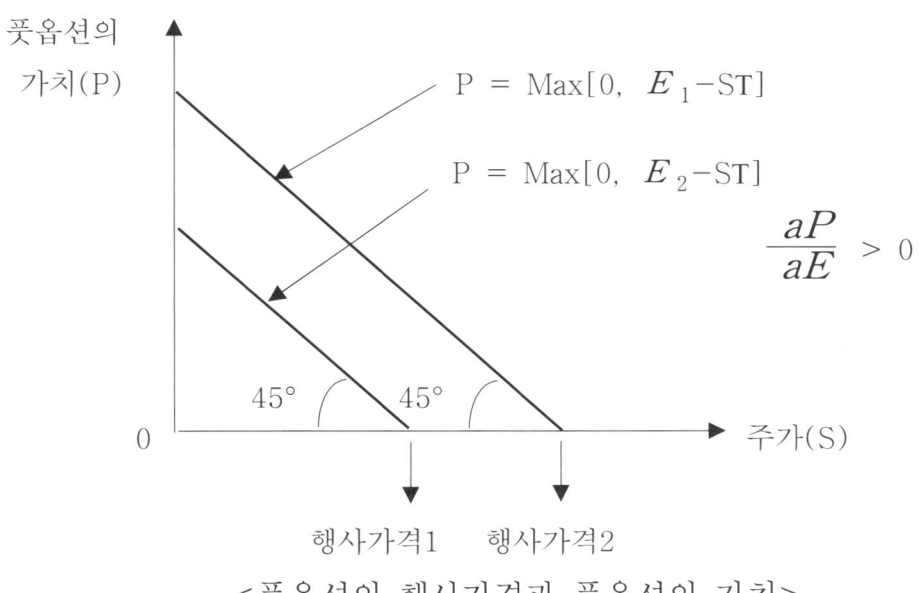

<풋옵션의 행사가격과 풋옵션의 가치>

45. 만기까지의 기간과의 관계

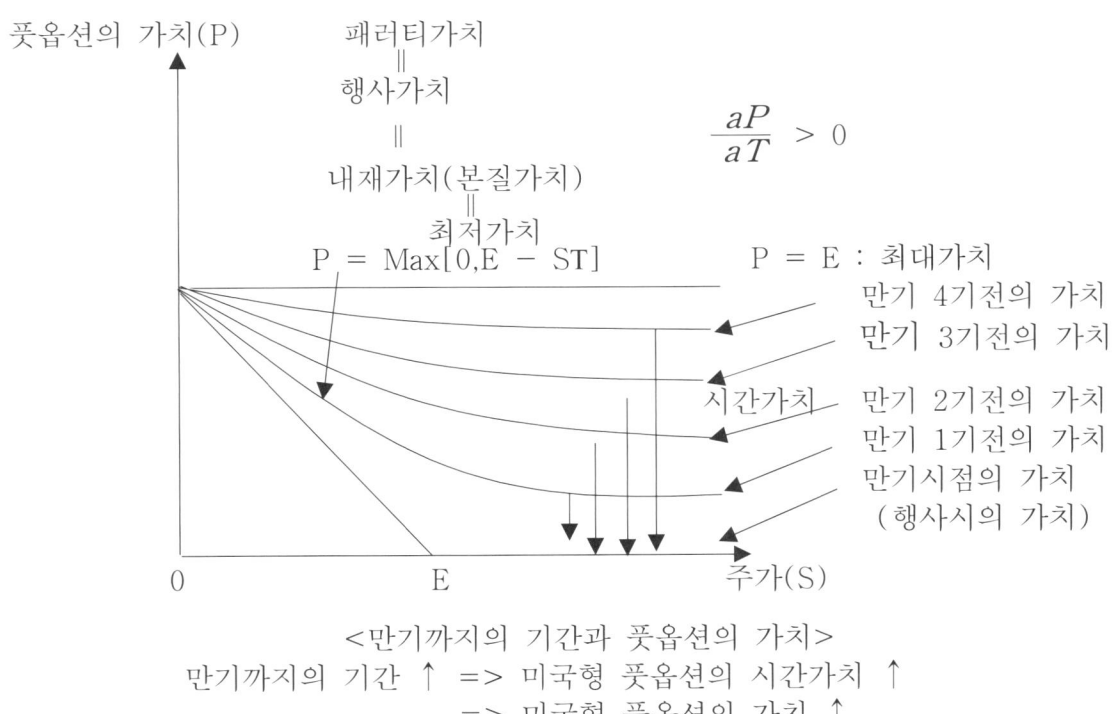

<만기까지의 기간과 풋옵션의 가치>
만기까지의 기간 ↑ => 미국형 풋옵션의 시간가치 ↑
=> 미국형 풋옵션의 가치 ↑

46. 기초자산가격의 일별 분산

● 기초자산가격의 일별 분산 ↑ => 풋옵션의 시간가치 ↑
　　　　　　　　　　　　 => 풋옵션의 가치 ↑

$$\frac{\partial P}{\partial \sigma^2_{Asset}} > 0$$

47. 풋옵션(put options)의 가격결정요인

$$P = f(S, E, T, \sigma^2, R, d)$$
$$-\ \ +\ \ +\ \ +\ \ -\ \ +$$

단, P = 풋옵션의 가격(put price or premium)
　　S = 기초자산(underlying asset)의 가격
　　E = 행사가격(striking or exercise price)
　　T = 만기(expiration)까지의 기간
　　σ^2 = 기초자산가격의 일일 분산(variance)
　　R = 시간이자율(market interest rate)
　　d = 기초자산의 주당 현금배당율(cash dividend ratio)

48. 옵션가격결정요인과 옵션가격과의 관계

● 가격 결정 요인　　　　　　콜옵션　풋옵션
　1. 기초자산의 가격　　　　　　+　　　−
　2. 행사가격　　　　　　　　　−　　　+
　3. 만기까지의 기간　　　　　　+　　　+
　4. 기초자산 가격의 일일 분석　+　　　+
　5. 시장이자율　　　　　　　　+　　　−
　6. 기초자산의 현금배당률　　　−　　　+

49. 증권거래의 유형

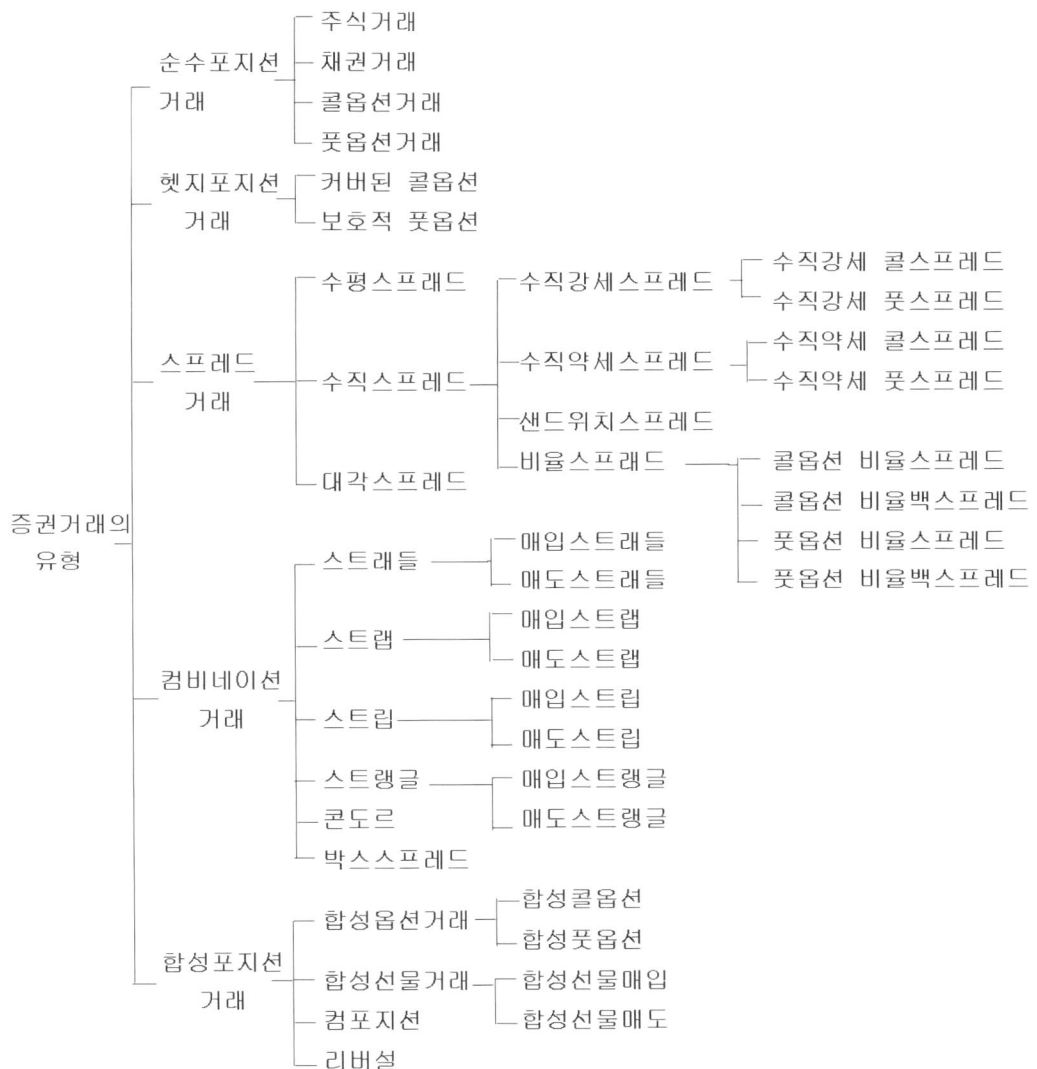

50. 주식거래의 손익

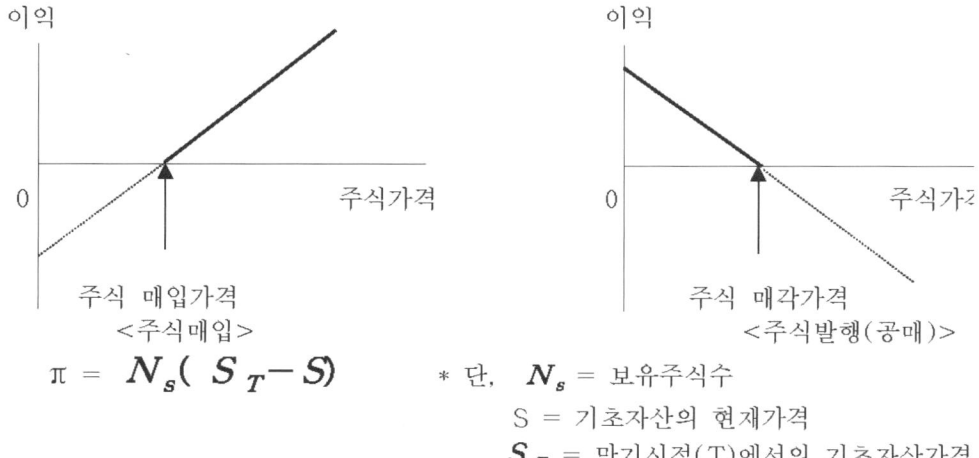

$$\pi = N_s(S_T - S)$$

* 단, N_s = 보유주식수
  S = 기초자산의 현재가격
  S_T = 만기시점(T)에서의 기초자산가격

51. 채권거래의 손익

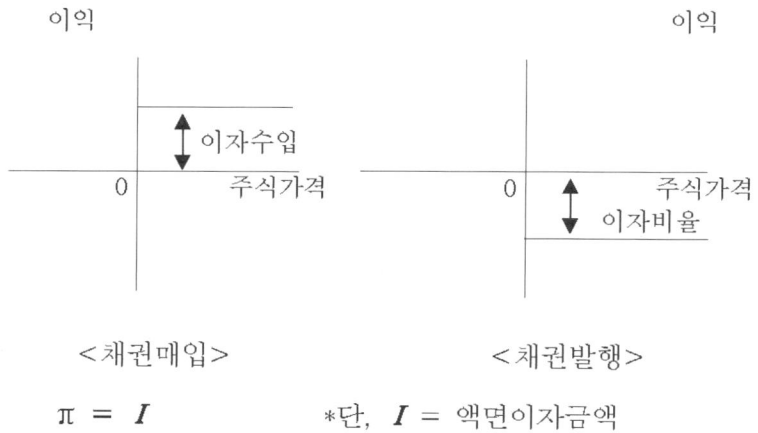

$$\pi = I$$

*단, I = 액면이자금액

52. 콜옵션거래의 손익

$$\pi = N_c[Max(0, S_T - E) - C]$$

● 단, N_c = 콜옵션 단위수(매입 : $N_c > 0$, 매도 : $N_c < 0$)

C = 콜옵션의 가치(가격)
E = 콜옵션의 행사가격

S = 기초자산의 현재가격
S_T = 만기시점(T)에서의 기초자산가격

53. 풋옵션거래의 손익

$\pi = N_P [Max (0, E - S_T) - P]$ 풋
단, = 옵션 단위수(매입 : $N_P > 0$, 매도 : $N_P < 0$)
P = 풋옵션의 가치(가격)
E = 풋옵션의 행사가격
S = 기초자산의 현재가격
S_T = 만기시점(T)에서의 기초자산가격

54. 헷지포지션(hedge position)거래

- 헤지포지션 거래란 기초자산인 주식과 옵션의 결합에 의하여 위험을 헤지하 기 위한 거래로서, 커버된 콜옵션(covered call options), 보호적 풋옵션(protective put options) 등의 헤지포지션 거래가 있다.
- (주식+콜옵션) 또는 (주식+풋옵션)

55. 커버된 콜옵션(covoered call options)

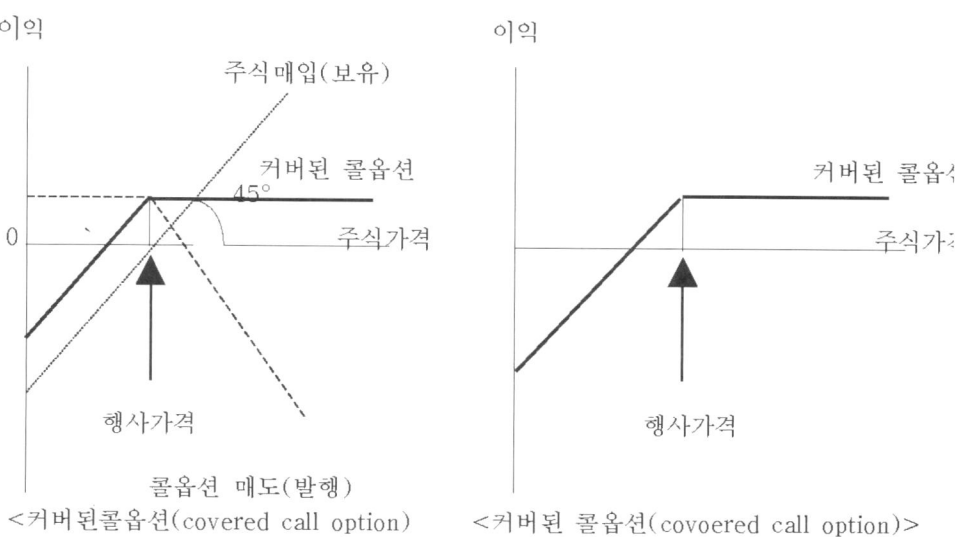

<커버된콜옵션(covered call option)>   <커버된 콜옵션(covoered call option)>

56. 커버된 콜옵션거래의 손익

- 주식매입+콜옵션매도
  $$\pi = N_S (S_T - S) + N_C [Max (0, S_T - E) - C]$$
- 단, $N_S > 0$, $N_S < 0$, & $N_S = -N_C$
  - N_S = 기초자산(주식)수 (매입, 보유, 공매 : $N_S > 0$, 매도 : $N_S < 0$)
  - N_C = 콜옵션 단위수 (매입 : $N_C > 0$, 매도 : $N_C < 0$)
  - C = 콜옵션의 가치(가격)
  - N_P = 풋옵션 단위수 (매입 : $N_P > 0$, $N_P < 0$)
  - P = 풋옵션의 가치(가격)
  - E = 콜옵션의 행사가격
  - S = 기초자산의 현재가격
  - S_T = 만기시점(T)에서의 기초자산가격

57. 보호적 풋옵션(protective put options)

- 주식매입 + 풋옵션매입(protective put options)

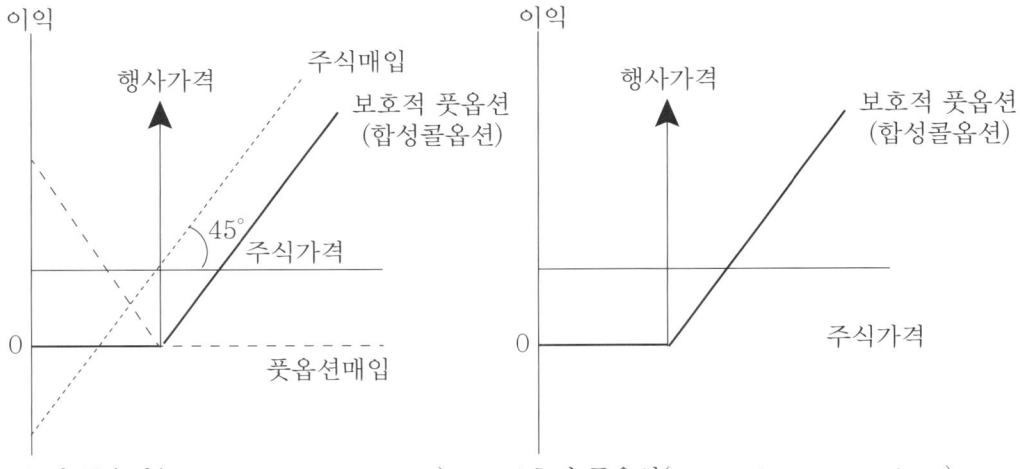

보호적 풋옵션(protective put options)

58. 보호적 풋옵션거래의 손익

- 주식매입 + 풋옵션매입

  $\pi = N_S(S_T - S) + N_P [Max(0, E - S_T) - P]$

  단, $N_S > 0$, $N_P > 0$, & $N_S = N_P$

  N_S = 기초자산(주식)수 (매입, 보유, 공매 : $N_S > 0$, 매도 : $N_S < 0$)

  　N_S = 콜옵션 단위수(매입 : $N_S > 0$, 매도 : $N_C < 0$)

  　　C = 콜옵션의 가치(가격)

  　N_P = 풋옵션 단위수(매입 : $N_P > 0$, 매도 : $N_C < 0$)

  　　P = 풋옵션의 가치(가격)

  　　E = 콜옵션의 행사가격

  　　S = 기초자산의 현재가격

  　　S_T = 만기시점(T)에서의 기초자산가격

59. 스프레드(spreads)거래

- (콜옵션 매입 + 콜옵션 매도) 또는 (풋옵션 매입 + 풋옵션 매도)
- 특정 기초자산에 대한 동일한 종류의 옵션, 즉 콜옵션이나 풋옵션 중의 한 종류의 옵션으로서 만기가 다르거나 행사가격이 서로 다른 두 개의 옵션을 하나는 매입하고, 다른 하나는 매도하는 거래를 스프레드(spreads)거래라고한다. 스프레드거래는 수평스프레드(horizontal‐time‐calendar spreads) 거래, 수직스프레드(vertical‐strike‐money spreads)거래, 대각스프레드(Diagonal spreads)로 구분된다.
- 수평스프레드는 동일한 종류의 옵션으로서 만기가 서로 다른 옵션의 결합으로 구성된 거래이다.
- 수직스프레드는 동일한 종류의 옵션으로서 행사가격이 서로 다른 옵션의 합으로 구성된 거래이다.

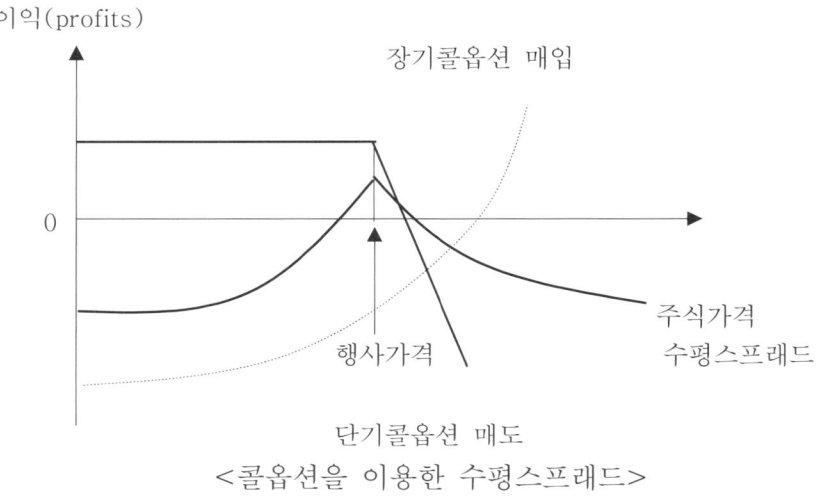

※ 대각스프레드는 동일한 종류의 옵션으로서 만기와 행사가격이 모두 다른 옵션의 결합으로 구성된 거래이다.

60. 콜옵션을 이용한 수평스프레드

<콜옵션을 이용한 수평스프래드>

61. 풋옵션을 이용한 수평스프레드

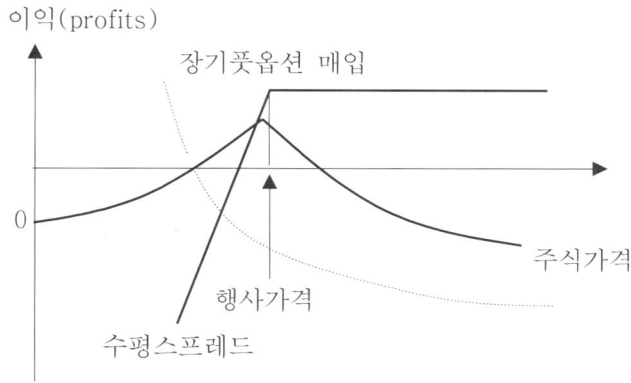

<풋옵션을 이용한 수평스프레드>

62. 수직스프레드와 그 유형

● 동일한 종류의 옵션, 즉 콜옵션이나 풋옵션 중의 한 종류의 옵션으로서 행사가격이 서로 다른 옵션을 하나는 매입하고 다른 하나는 매도하는 거래를 수직스프레드 또는 행사스프레드(vertical-strike- money spreads)라고 한다.
  1. 수직강세 콜스프레드(Bull call money spreads)
  2. 수직강세 풋스프레드(Bull put money spreads)
  3. 수직약세 콜스프레드(Bear call money spreads)
  4. 수직약세 풋스프레드(Bear put money spreads)
  5. 나비스프레드(Butterfly spreads)
  6. 샌드위치스프레드(Sandwith spreads, 역나비스프레드)
  7. 콜옵션 비율스프레드(call ratio spreads)
  8. 콜옵션 비율백스프레드(call ratio back spreads)
  9. 풋옵션 비율스프레드(put ratio spreads)
  10. 풋옵션 비율백스프레드(put ratio back spreads)

63. 수직강세 콜스프레드 (Bull call money spreads)

1) 매입(long)
두 종류의 행사가격을 갖는 콜옵션 중에서, 보다 낮은 행사가격의 콜옵션 한 단위를 매입한다.

2) 매도(short)
두 종류의 행사가격을 갖는 콜옵션 중에서, 보다 높은 행사가격의 콜옵션 한 단위를 매도한다.

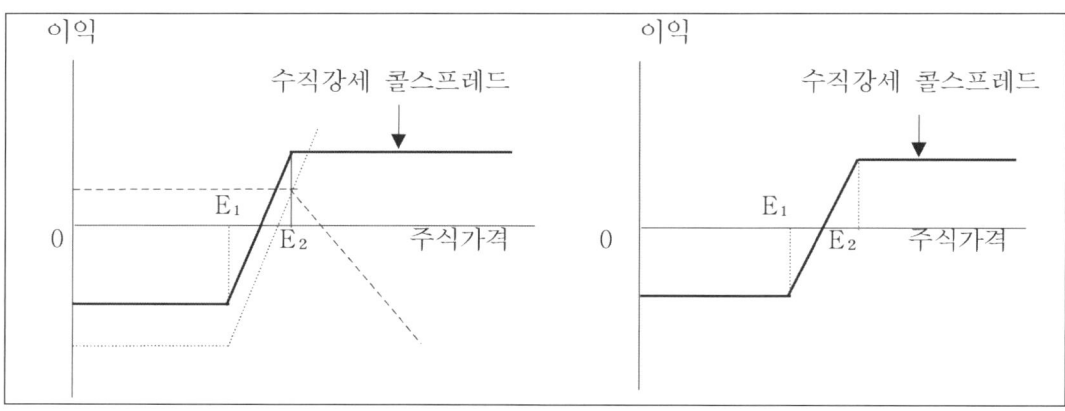

제3장
해외선물옵션의 실전

3-1 해외선물옵션 증거금

3-2 주요해외선물가치 기초자산

3-3 박펀드메니저 챠트(010-6432-2250)

3-4 해외선물옵션 주문

3-5 소액마이크로 시리즈

3-1 해외선물증거금

기초자산 위탁증거금 유지증거금 틱가치
주가지수 다우 에스엔피 항생 니케이 챠이나 50
통화   유로 파운드 엔   에너지   크루드 네츄럴개스
금속   골드 , 은, 구리   농축산물 쌀 귀두
상품 종류가 너무 많아 거래가 많은 종목을 택하였습니다.

해외선물 증거금

| 통화 | 에너지 | 농산물 | 금리 | 지수 | **금속** | 축산물 |

거래소	코드	상품명	통화	위탁증거금($)	유지증거금($)
CME	GC	GOLD	USD	6,930	6,300
CME	HG	H-G COPPER	USD	6,325	5,750
CME	MGC	E-Micro GOLD	USD	693	630
CME	PA	PALLADIUM	USD	28,050	25,500
CME	PL	PLATINUM	USD	3,080	2,800
CME	QO	miNY GOLD	USD	3,465	3,150
SGX	SCO	SGX TSI Iron Ore(62%)	USD	1,430	1,300
CME	SI	SILVER	USD	9,350	8,500
CME	SIL	E-Micro SILVER	USD	1,870	1,700

처리결과 : 2022/12/25 (일) 19:13:20 정상적으로 조회되었습니다.

금리 증거금

해외선물 증거금

| 통화 | 에너지 | 농산물 | **금리** | 지수 | 금속 | 축산물 |

거래소	코드	상품명	통화	위탁증거금($)	유지증거금($)
EUREX	BTS	Short Term Euro-BTP 3y	EUR	1,587	1,587
LIFFE	ERB	Euribor	EUR	448	448
CME	GE	Eurodollar	USD	825	750
EUREX	IK	Euro-BTP 10y	EUR	6,106	6,106
EUREX	OAT	Euro-OAT 10yr	EUR	4,836	4,836
EUREX	OE	Euro Bobl	EUR	2,573	2,573
EUREX	RX	Euro-Bund 10yr	EUR	4,210	4,210
CME	TN	Ultra 10-Year U.S. Note Future	USD	3,300	3,000
EUREX	UB	Euro BUXL 30Y Bond	EUR	11,006	11,006
CME	WN	Ultra U.S. Treasury Bond	USD	7,150	6,500

해외선물 증거금

에너지 증거금

거래소	코드	상품명	통화	위탁증거금($)	유지증거금($)
ICE	BRN	ICE Brent Crude	USD	9,810	9,810
CME	CL	Crude Oil	USD	7,700	7,000
ICE	GAS	ICE Low Sulphur Gasoil	USD	12,021	12,021
CME	HO	Heating Oil	USD	12,650	11,500
CME	MCL	Micro WTI Crude Oil	USD	770	700
CME	NG	Natural Gas	USD	9,900	9,000
CME	QG	miNY Natural Gas	USD	2,475	2,250
CME	QM	miNY Crude Oil	USD	3,850	3,500
CME	RB	RBOB Gasoline	USD	8,470	7,700
ICE	WBS	ICE WTI Crude	USD	10,390	10,390

67

지수 증거금

거래소	코드	상품명	통화	위탁증거금($)	유지증거금($)
CME	ES	E-mini S&P 500	USD	11,660	10,600
EUREX	FMWO	MSCI World Index Futures in USD	USD	8,107	8,107
EUREX	GX	DAX Index	EUR	38,351	38,351
HKEX	HCA	H-Share Index	HKD	40,498	32,398
HKEX	HSI	Hangseng Index	HKD	103,939	83,151
HKEX	HTI	Hang Seng TECH Index	HKD	32,811	26,248
CME	M2K	Micro E-mini Russell2000	USD	638	580
HKEX	MCA	MSCI China A 50 Connect Index Futures	USD	4,123	3,298
HKEX	MCH	Mini H-Share Index	HKD	8,099	6,479
CME	MES	Micro E-mini S&P 500	USD	1,166	1,060

농수산물 증가금

해외선물 증가금

| 통화 | 에너지 | **농산물** | 금리 | 지수 | 금속 | 축산물 |

거래소	코드	상품명	통화	위탁증거금($)	유지증거금($)
ICE	CC	Cocoa	USD	1,430	1,430
ICE	CT	Cotton No 2	USD	4,500	4,500
ICE	KC	Coffee C	USD	6,750	6,750
ICE	OJ	FCOJ-A	USD	2,700	2,700
ICE	SB	Sugar - World No. 11	USD	1,344	1,344
SGX	TSR	SICOM TSR20 Rubber		440	400
CME	ZC	Corn	USD	2,475	2,250
CME	ZL	Soybean Oil	USD	3,300	3,000
CME	ZM	Soybean Meal	USD	2,750	2,500
CME	ZO	Oats	USD	2,393	2,175
CME	ZR	Rough Rice	USD	1,540	1,400

통화 증거금

해외선물 증거금

| 통화 | 에너지 | 농산물 | 금리 | 지수 | 금속 | 축산물 |

거래소	코드	상품명	통화	위탁증거금($)	유지증거금($)
CME	6A	Australian Dollar	USD	2,200	2,000
CME	6B	British Pounds	USD	3,080	2,800
CME	6C	Canadian Dollars	USD	1,518	1,380
CME	6E	Euro FX	USD	2,915	2,650
CME	6J	Japanese Yen	USD	3,410	3,100
CME	6S	Swiss Franc	USD	4,950	4,500
ICE	DX	US $ INDEX	USD	2,500	2,500
CME	E7	E-mini Euro FX	USD	1,458	1,325
CME	J7	E-mini JPY/USD	USD	1,705	1,550
CME	M6A	eMicro AUD/USD	USD	220	200
CME	M6B	eMicro GBP/USD	USD	308	280

축산물 증거금

해외선물 증거금

| 통화 | 에너지 | 농산물 | 금리 | 지수 | 금속 | **축산물** |

거래소	코드	상품명	통화	위탁증거금($)	유지증거금($)
CME	GF	Feeder Cattle	USD	3,135	2,850
CME	HE	Lean Hogs	USD	1,925	1,750
CME	LE	Live Cattle	USD	1,760	1,600

처리결과 | 2022/12/25 (일) 19:13:42 정상적으로 조회되었습니다.

3-2 주요해외선물상품 틱가치 기초자산

1. 금속 골드선물

GCZ18	Gold (100oz) DEC18			체결	종목상세		상품정보
현재가	1222.0 ▲	7.0 +0.58%	237,367	거래소	CME	시가	1214.4
CME	잔존 42 일	증거금 3,740	USD	상품구분	금속	고가	1226.0
건수	매도잔량	07:00:00 매수잔량	건수	전일종가	1215.0	저가	1213.7
1	3	1224.5 시가	1214.4	상장일	2017/08/30	최초통보일	2018/11/30
3	7	1224.4 고가	1226.0	잔존만기	42	최종거래일	2018/12/27
1	15	1224.2 저가	1213.7	위탁증거금	3,740	만기결제	실물인수도
1	1	1223.7 시가대비	+7.6	유지증거금	3,400	거래여부	거래가능
1	1	1222.5 전일종가	1215.0	계약크기	100	거래통화	USD
		1221.5	1 1	틱 Size	0.1	틱 가치	10
		1221.4	2 2	장개시	08:00:00	장마감	07:00:00
		1221.3	20 1				
		1221.0	12 2				
		1220.5	1 1				
7	27	+9	36 7				

2. 농축산물 쌀선물

ZRF19	Rough Rice JAN19			체결	종목상세		상품정보
현재가	10.850 ▲	0.110 +1.02%	316	거래소	CME	시가	10.720
CME	잔존 60 일	증거금 990	USD	상품구분	농축산물	고가	10.930
건수	매도잔량	05:35:31 매수잔량	건수	전일종가	10.740	저가	10.715
2	11	10.980 시가	10.720	상장일	2018/05/15	최초통보일	2019/01/14
1	2	10.975 고가	10.930	잔존만기	60	최종거래일	2019/01/14
1	6	10.950 저가	10.715	위탁증거금	990	만기결제	실물인수도
3	3	10.940 시가대비	+0.130	유지증거금	900	거래여부	거래가능
1	1	10.920 전일종가	10.740	계약크기	2000	거래통화	USD
		10.745	2 1	틱 Size	0.005	틱 가치	10
		10.740	1 1	장개시	10:00:00	장마감	04:20:00
		10.710	2 1				
		10.700	1 1				
		10.685	2 1				
8	23	-15	8 5				

3. 에너지 가솔린

\[Q\] RBF19 ▼	RBOB Gasoline JAN19			체결	종목상세			상품정보	
현재가	1.5716 ▲	0.0252	+1.63%	55,111	거래소	CME	시가	1.5412	
CME 잔존	46 일	증거금	4,180	USD	상품구분	에너지	고가	1.5994	
건수	매도잔량	07:00:00	매수잔량	건수	전일종가	1.5464	저가	1.5412	
1	17	1.6092	시가	1.5412	상장일	2017/11/01	최초통보일	2018/12/31	
1	50	1.6075	고가	1.5994	잔존만기	46	최종거래일	2018/12/31	
1	1	1.6040	저가	1.5412	위탁증거금	4,180	만기결제	실물인수도	
1	1	1.6031	시가대비	+0.0304	유지증거금	3,800	거래여부	거래가능	
1	1	1.5946	전일종가	1.5464	계약크기	42000	거래통화	USD	
		1.5549	1	1	틱 Size	0.0001	틱 가치	4.2	
		1.5450	1	1	장개시	08:00:00	장마감	07:00:00	
		1.5350	1	1					
		1.5323	1	1					
		1.5233	2	1					
5	70		-64	6	5				

4. 에너지 네츄럴가스

\[Q\] NGZ18 ▼	Natural Gas DEC18			체결	종목상세			상품정보	
현재가	4.390 ▲	0.352	+8.72%	264,295	거래소	CME	시가	3.907	
CME 잔존	13 일	증거금	2,145	USD	상품구분	에너지	고가	4.390	
건수	매도잔량	07:00:00	매수잔량	건수	전일종가	4.038	저가	3.907	
1	5	4.422	시가	3.907	상장일	2017/09/28	최초통보일	2018/11/28	
1	1	4.420	고가	4.390	잔존만기	13	최종거래일	2018/11/28	
1	5	4.411	저가	3.907	위탁증거금	2,145	만기결제	실물인수도	
1	1	4.406	시가대비	+0.483	유지증거금	1,950	거래여부	거래가능	
1	1	4.400	전일종가	4.038	계약크기	10000	거래통화	USD	
		4.351	10	2	틱 Size	0.001	틱 가치	10	
		4.310	1	1	장개시	08:00:00	장마감	07:00:00	
		4.302	1	1					
		4.232	1	1					
		4.230	1	1					
5	13		+1	14	6				

5. 통화 마이크로유로

Q ECMZ18		E-micro EUR/USD DEC18				체결	종목상세		상품정보	
현재가		1.1440 ▲	0.0063	+0.55%	15,035	거래소	CME	시가	1.1350	
CME	잔존	32 일	증거금	253	USD	상품구분	통화	고가	1.1447	
건수	매도잔량		07:00:00	매수잔량	건수	전일종가	1.1377	저가	1.1347	
2	2	1.1465	시가		1.1350	상장일	2018/06/19	최초통보일	2018/12/17	
1	2	1.1464	고가		1.1447	잔존만기	32	최종거래일	2018/12/17	
1	1	1.1455	저가		1.1347	위탁증거금	253	만기결제	실물인수도	
1	1	1.1450	시가대비		+0.0090	유지증거금	230	거래여부	거래가능	
1	1	1.1448	전일종가		1.1377	계약크기	12500	거래통화	USD	
		1.1423		1	1	틱 Size	0.0001	틱 가치	1.25	
		1.1420		2	2	장개시	08:00:00	장마감	07:00:00	
		1.1411		1	1					
		1.1407		1	1					
		1.1406		1	1					
6	7		-1	6	6					

6. 지수 미니항생

Q MHCX18		HangSeng Mini H-shares				체결	종목상세		상품정보	
현재가		10600 ▲	16	+0.15%	5,365	거래소	HKE	시가	10575	
HKE	잔존	11 일	증거금	8,618	HKD	상품구분	지수	고가	10651	
건수	매도잔량		02:00:00	매수잔량	건수	전일종가	10584	저가	10513	
1	1	10610	시가		10575	상장일	2018/10/02	최초통보일	2018/11/29	
1	1	10609	고가		10651	잔존만기	11	최종거래일	2018/11/29	
1	1	10608	저가		10513	위탁증거금	8,618	만기결제	현금결제	
2	2	10607	시가대비		+25	유지증거금	6,894	거래여부	거래가능	
2	3	10606	전일종가		10584	계약크기	10	거래통화	HKD	
		10597		3	3	틱 Size	1	틱 가치	10	
		10596		2	2	장개시	18:15:00	장마감	17:30:00	
		10595		1	1					
		10589		1	1					
		10588		2	2					
7	8		+1	9	9					

7. 지수 중국항생

거래소	HKE	시가	10570
상품구분	지수	고가	10650
전일종가	10583	저가	10514
상장일	2018/10/02	최초통보일	2018/11/29
잔존만기	11	최종거래일	2018/11/29
위탁증거금	43,092	만기결제	현금결제
유지증거금	34,473	거래여부	거래가능
계약크기	50	거래통화	HKD
틱 Size	1	틱 가치	50
장개시	18:15:00	장마감	17:30:00

8. 지수 미니중국항생

거래소	HKE	시가	10570
상품구분	지수	고가	10650
전일종가	10583	저가	10514
상장일	2018/10/02	최초통보일	2018/11/29
잔존만기	11	최종거래일	2018/11/29
위탁증거금	43,092	만기결제	현금결제
유지증거금	34,473	거래여부	거래가능
계약크기	50	거래통화	HKD
틱 Size	1	틱 가치	50
장개시	18:15:00	장마감	17:30:00

9. 지수 미니항생

건수	매도잔량	02:00:00	매수잔량	건수
4	4	26150	시가	26096
1	1	26145	고가	26238
1	1	26143	저가	25957
3	3	26142	시가대비	+43
2	2	26140	전일종가	26113
		26135	1	1
		26133	1	1
		26131	2	2
		26130	6	4
		26129	1	1
11	11		0	11	9

현재가 26139 ▲ 26 +0.10% 28,282
HKE 잔존 11일 증거금 21,918 HKD

거래소	HKE	시가	26096
상품구분	지수	고가	26238
전일종가	26113	저가	25957
상장일	2018/10/02	최초통보일	2018/11/29
잔존만기	11	최종거래일	2018/11/29
위탁증거금	21,918	만기결제	현금결제
유지증거금	17,534	거래여부	거래가능
계약크기	10	거래통화	HKD
틱 Size	1	틱 가치	10
장개시	18:15:00	장마감	17:30:00

10. 지수 차이나A50

현재가 11315.0 ▲ 117.5 +1.05% 38,827
SGX 잔존 11일 증거금 880 USD

건수	매도잔량	05:50:00	매수잔량	건수
0	488	11360.0	시가	11195.0
0	57	11357.5	고가	11342.5
0	54	11355.0	저가	11137.5
0	53	11352.5	시가대비	+120.0
0	5	11350.0	전일종가	11197.5
		11180.0	5	0
		11150.0	4	0
		11140.0	1	0
		11135.0	5	0
		11115.0	20	0
0	657		-622	35	0

거래소	SGX	시가	11195.0
상품구분	지수	고가	11342.5
전일종가	11197.5	저가	11137.5
상장일	2018/08/30	최초통보일	2018/11/29
잔존만기	11	최종거래일	2018/11/29
위탁증거금	880	만기결제	현금결제
유지증거금	800	거래여부	거래가능
계약크기	1	거래통화	USD
틱 Size	2.5	틱 가치	2.5
장개시	18:00:00	장마감	17:30:00

11. 지수 니케이225달러

Q NXZ18			CME Nikkei 225 Dollar DE			체결	종목상세		상품정보
현재가		21775 ▼		175 -0.80%	13,467	거래소	CME	시가	21925
CME	잔존	28 일	증거금	5,720	USD	상품구분	지수	고가	21925
건수	매도잔량		07:00:00	매수잔량	건수	전일종가	21950	저가	21505
1	1		21945	시가	21925	상장일	2018/06/08	최초통보일	2018/12/13
1	1		21900	고가	21925	잔존만기	28	최종거래일	2018/12/13
1	1		21850	저가	21505	위탁증거금	5,720	만기결제	현금결제
1	1		21840	시가대비	-150	유지증거금	5,200	거래여부	거래가능
1	1		21815	전일종가	21950	계약크기	5	거래통화	USD
			21500	2	2	틱 Size	5	틱 가치	25
			21475	2	1	장개시	08:00:00	장마감	07:00:00
			21440	2	1				
			21365	2	1				
			21360	1	1				
5	5		+4	9	6				

12. 지수 항생선물지수

HSIX18			HangSeng Index NOV18			체결	종목상세		상품정보
현재가		26128 ▲		13 +0.05%	43,903	거래소	HKE	시가	26107
KE	잔존	11 일	증거금	109,592	HKD	상품구분	지수	고가	26239
건수	매도잔량		02:00:00	매수잔량	건수	전일종가	26115	저가	25958
1	1		26147	시가	26107	상장일	2018/10/02	최초통보일	2018/11/29
2	2		26135	고가	26239	잔존만기	11	최종거래일	2018/11/29
1	1		26134	저가	25958	위탁증거금	109,592	만기결제	현금결제
1	1		26133	시가대비	+21	유지증거금	87,673	거래여부	거래가능
1	1		26130	전일종가	26115	계약크기	50	거래통화	HKD
			26125	1	1	틱 Size	1	틱 가치	50
			26120	5	1	장개시	18:15:00	장마감	17:30:00
			26118	2	1				
			26116	1	1				
			26112	5	1				
6	6		+8	14	5				

13. 항상콜옵션

거래소	HKE	시가	507
기초자산	HSIX18	고가	590
옵션타입	European	저가	375
만기결제	현금결제	전일종가	500
거래통화	HKD	거래량	2,188
승수	50	내재가치	128
틱사이즈	1	시간가치	402
틱가치	50	최종거래일	2018/11/29
위탁증거금	109,592	잔존만기	11
장개시	18:15:00	장마감	17:30:00

14. 항생풋옵션

거래소	HKE	시가	440
기초자산	HSIX18	고가	572
옵션타입	European	저가	350
만기결제	현금결제	전일종가	456
거래통화	HKD	거래량	1,070
승수	50	내재가치	0
틱사이즈	1	시간가치	398
틱가치	50	최종거래일	2018/11/29
위탁증거금	109,592	잔존만기	11
장개시	18:15:00	장마감	17:30:00

3-3 박펀드메니저 챠트 (문의 010-6432-2250)

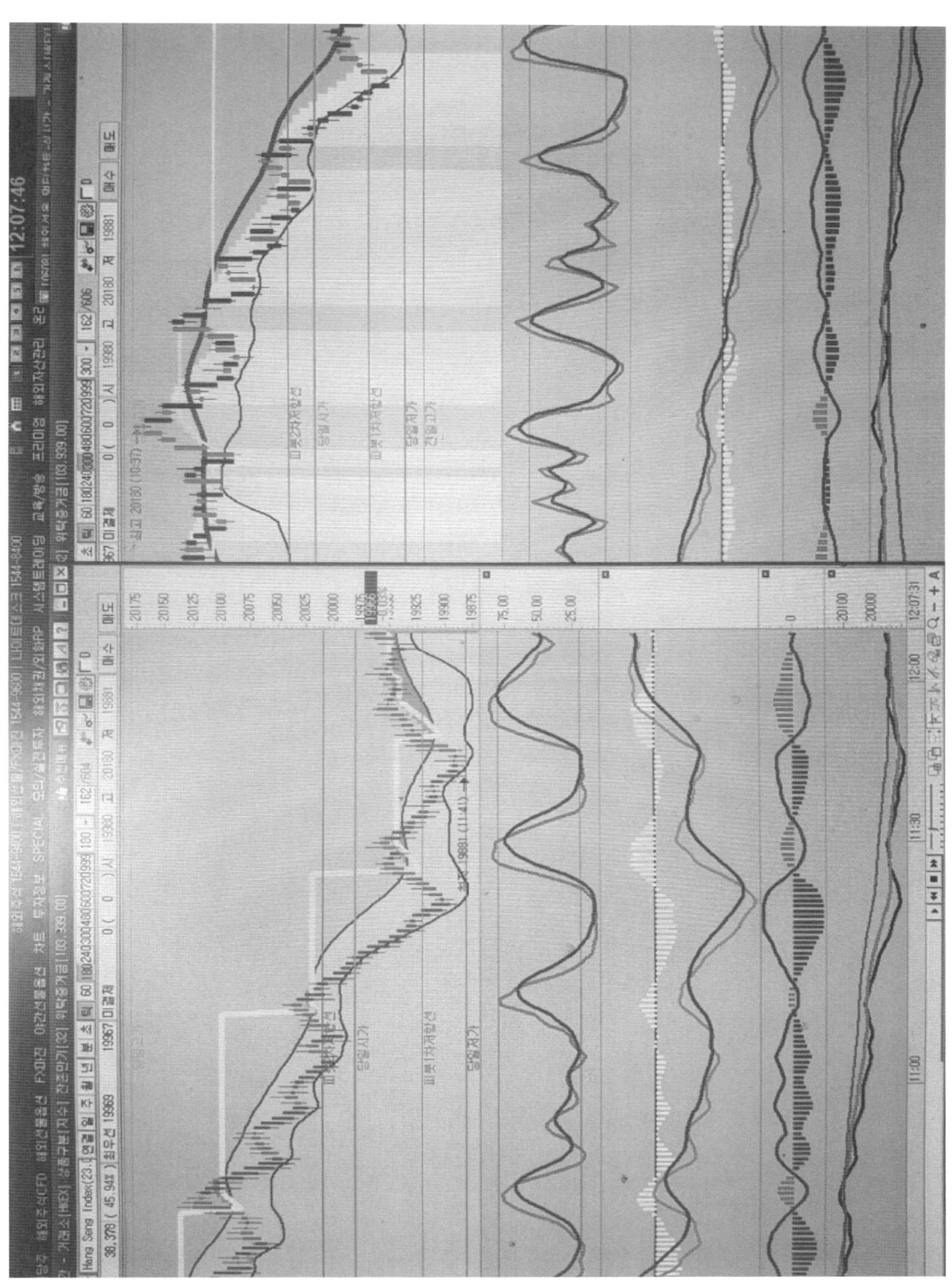

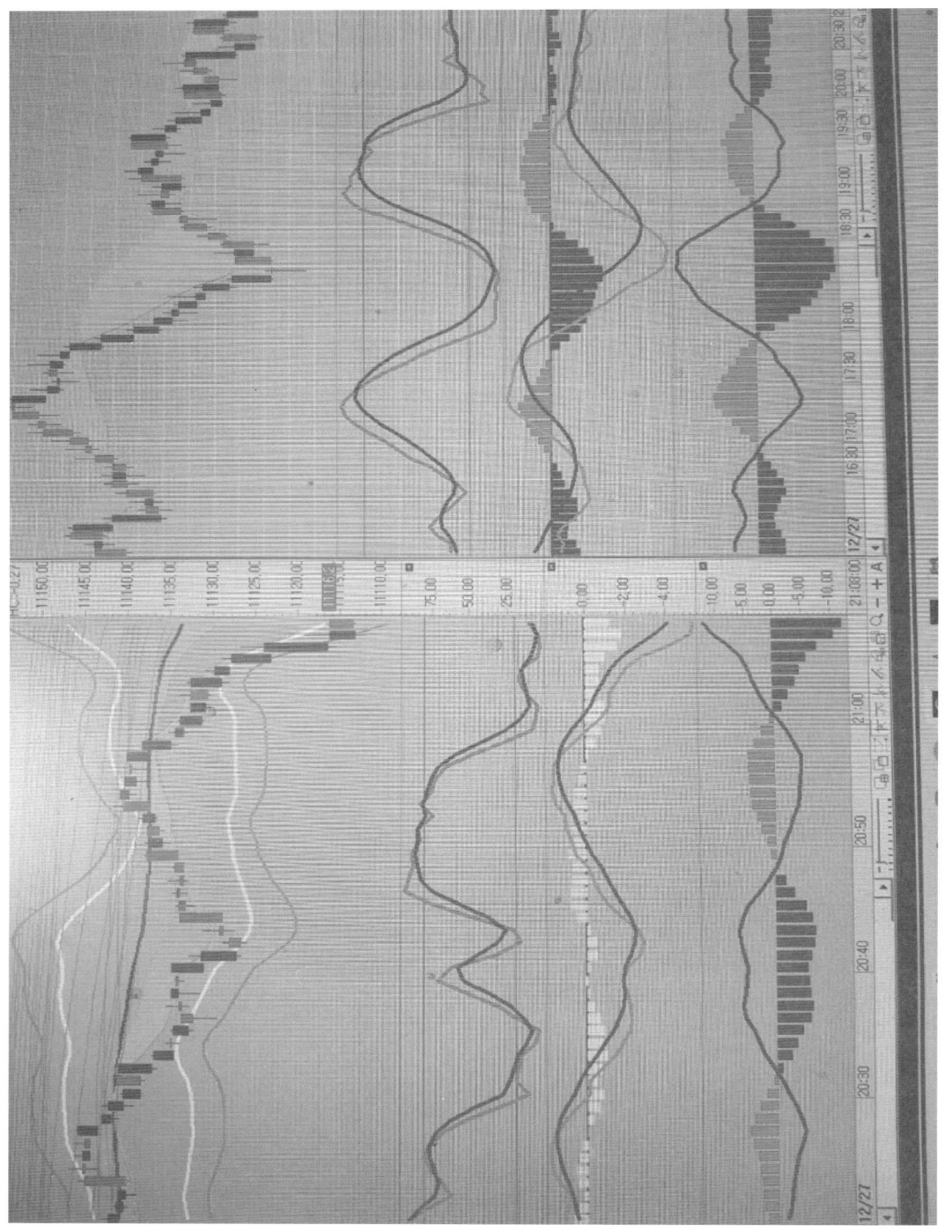

1. 유로

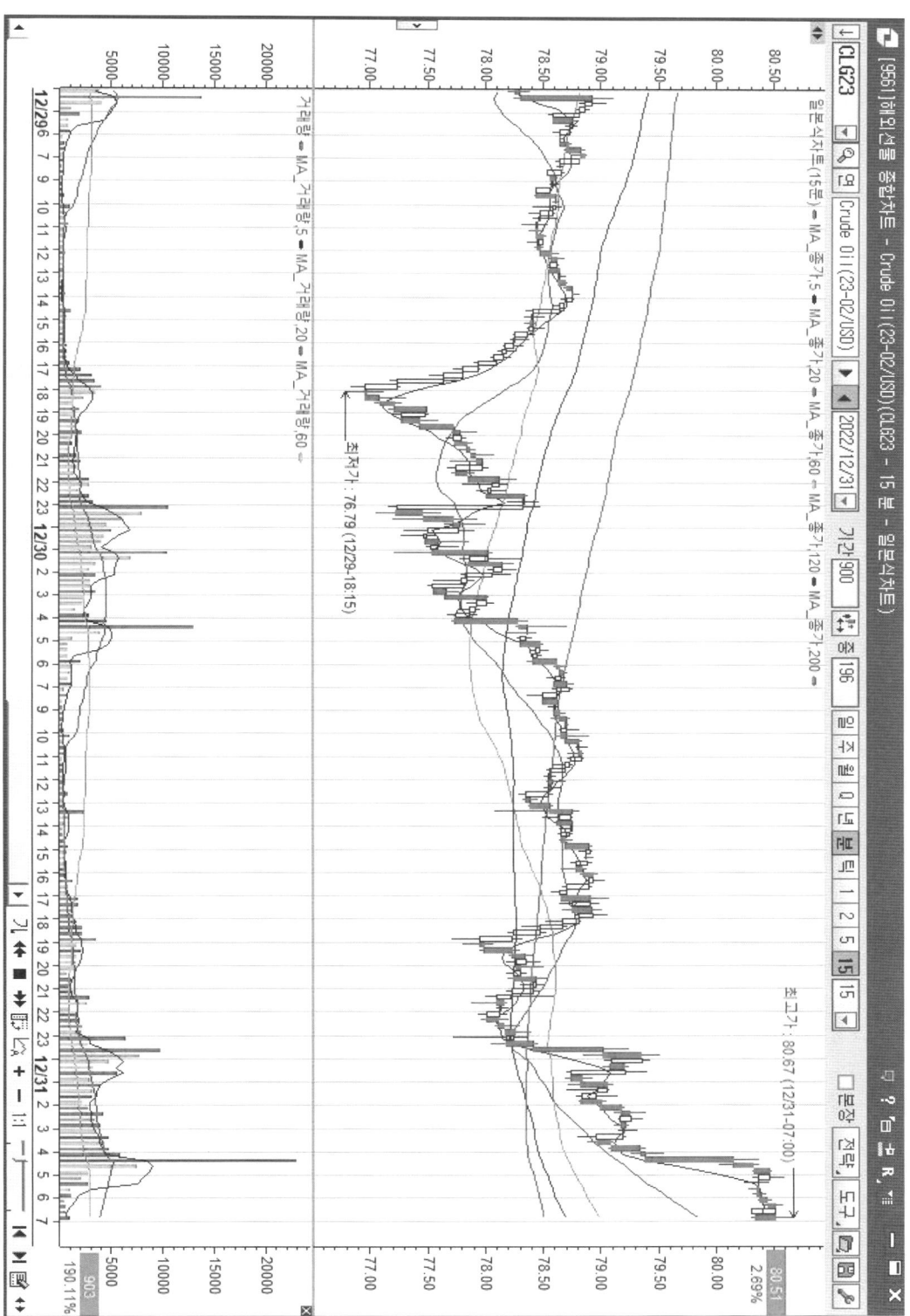

2. 오스트레일리아

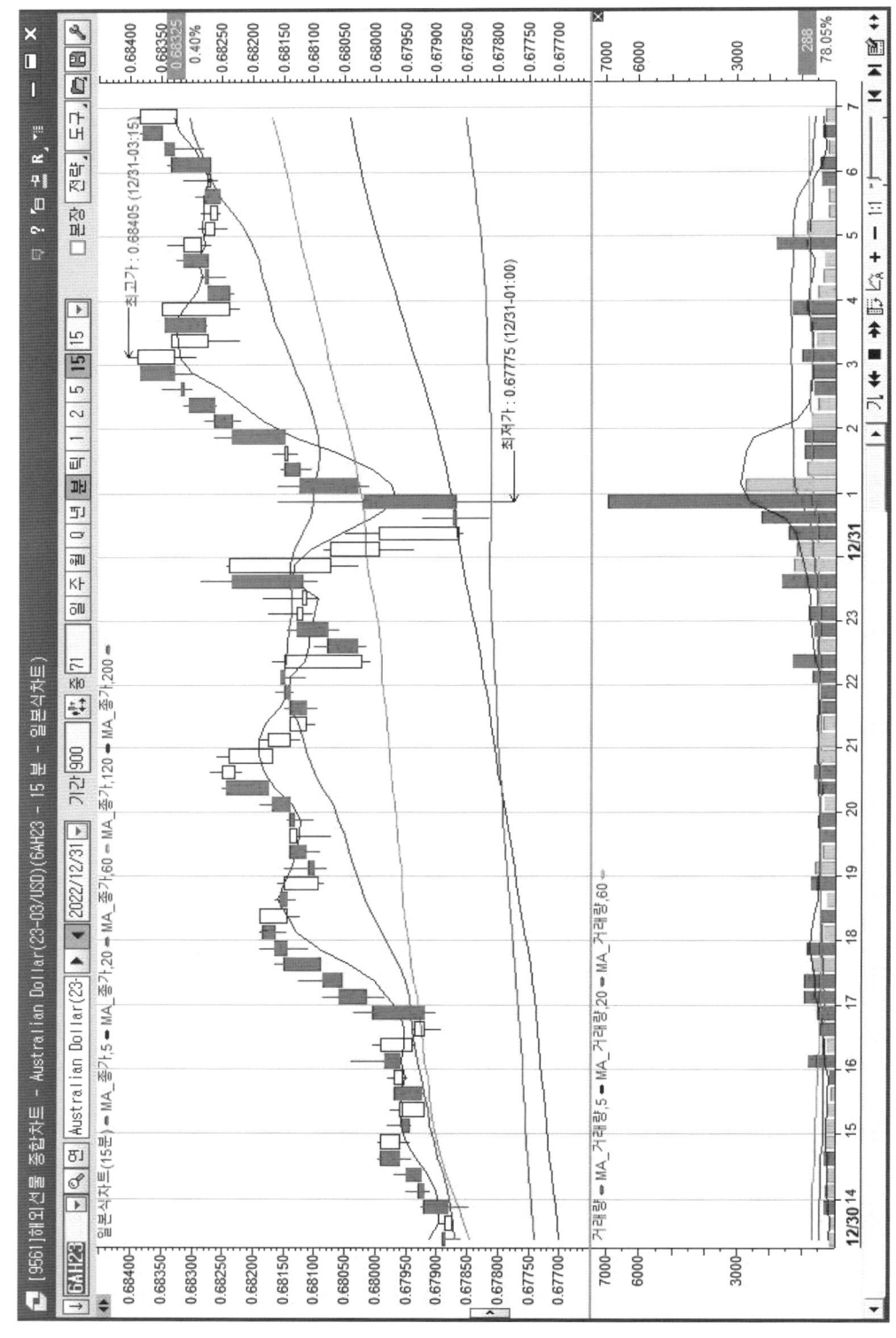

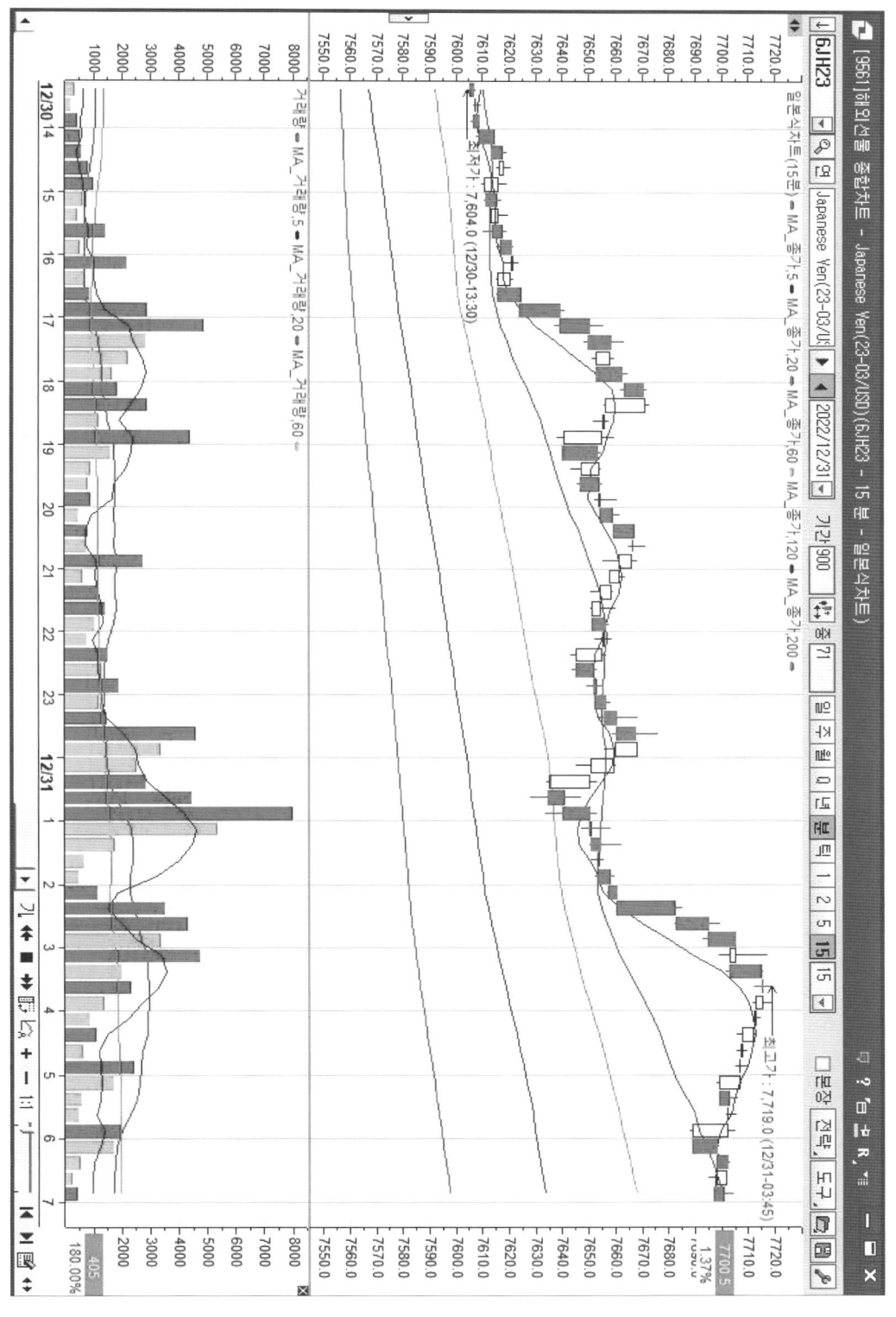

3. 엔 달러

2. 오스트레일리아

3. 엔 달러

4. 에스엔피

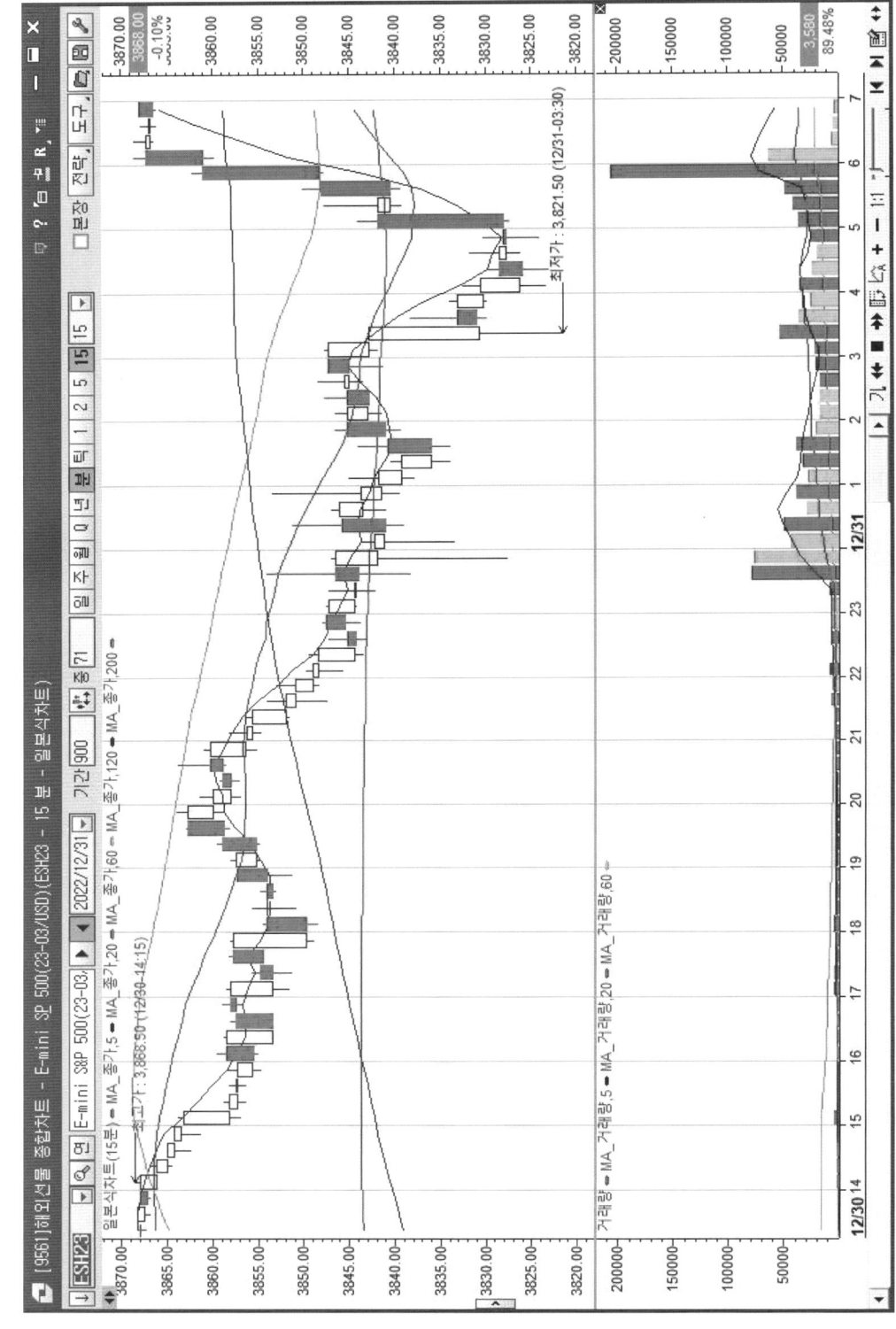

5. 대우

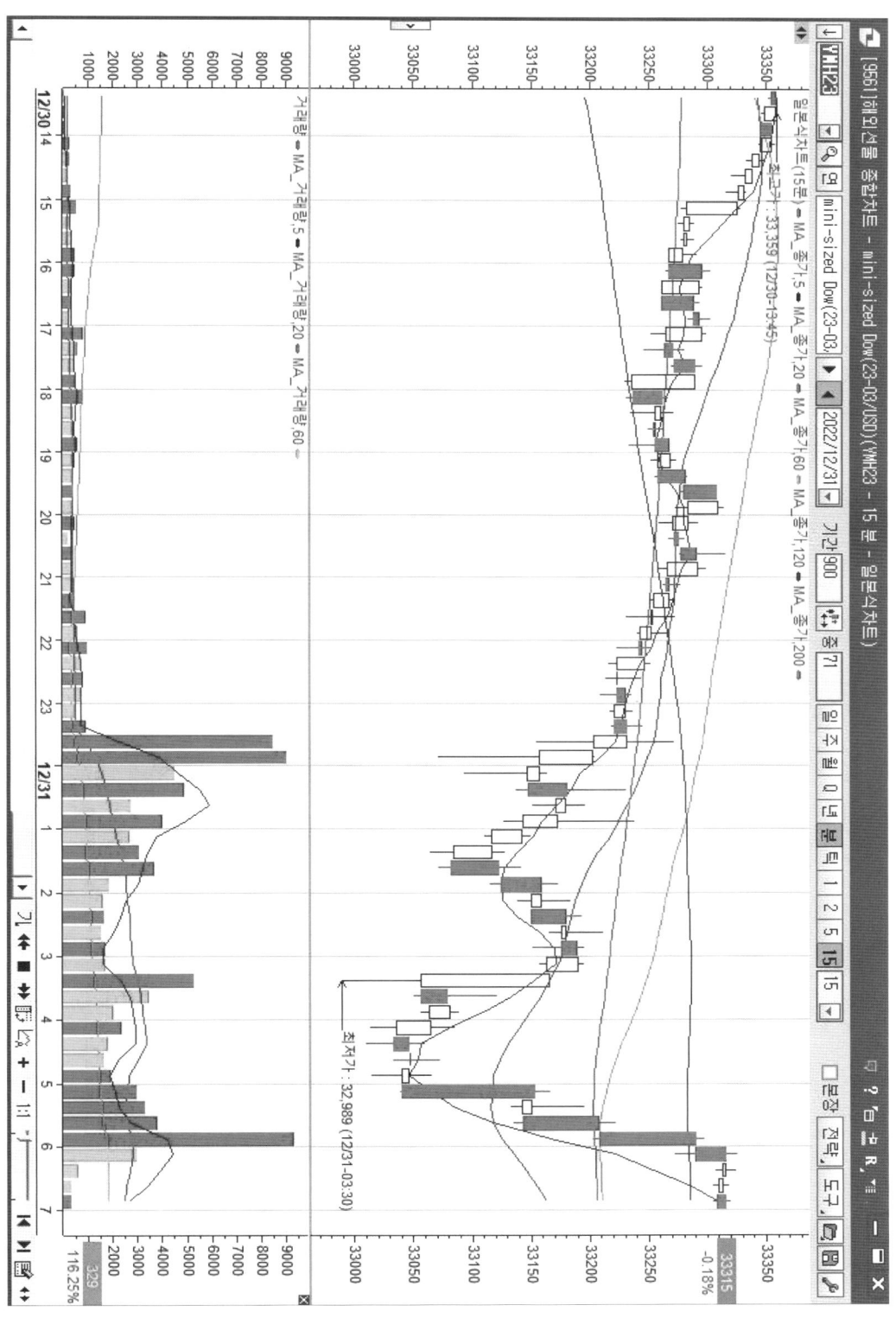

6. 나스닥 차트

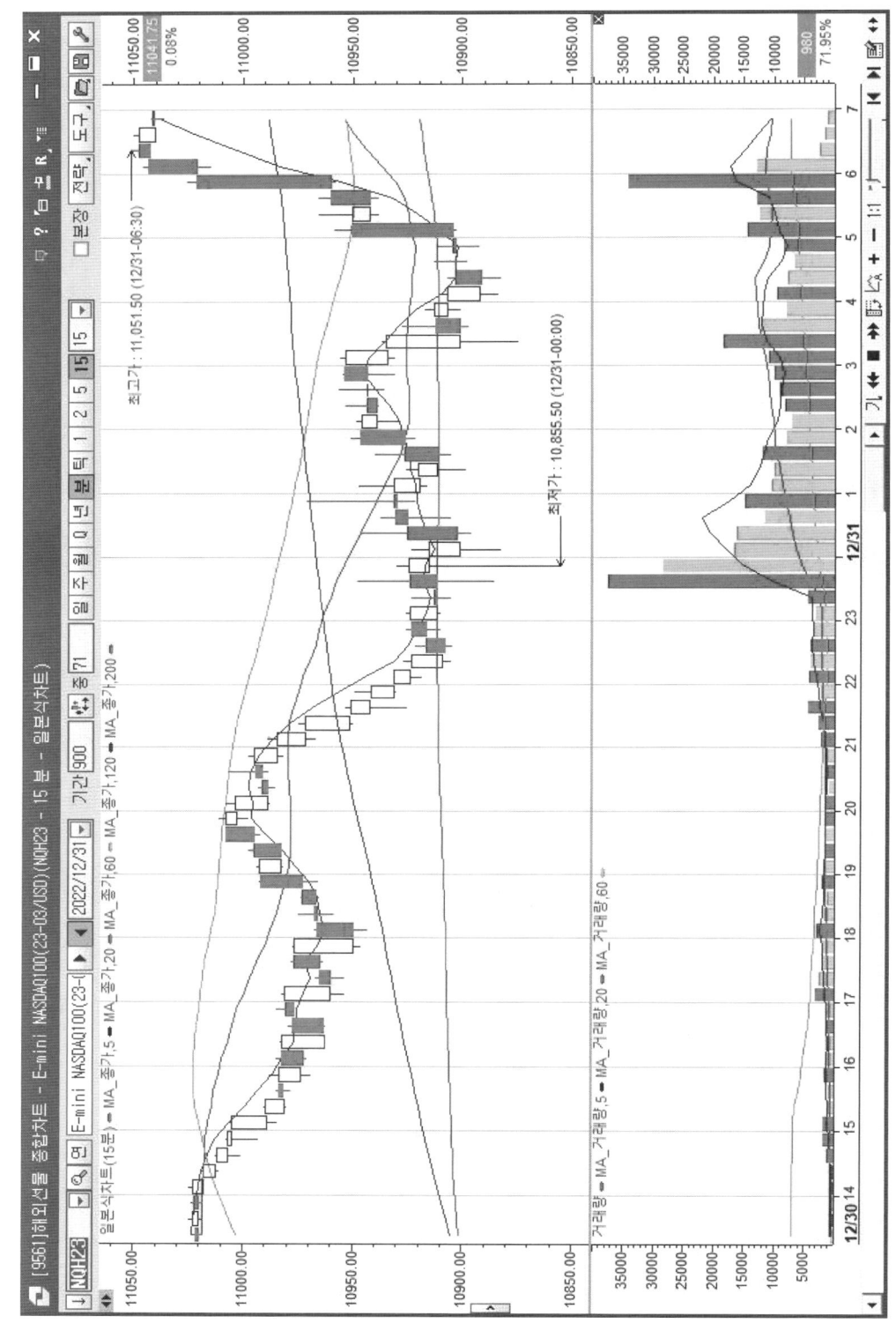

7. 끝

그림 8.

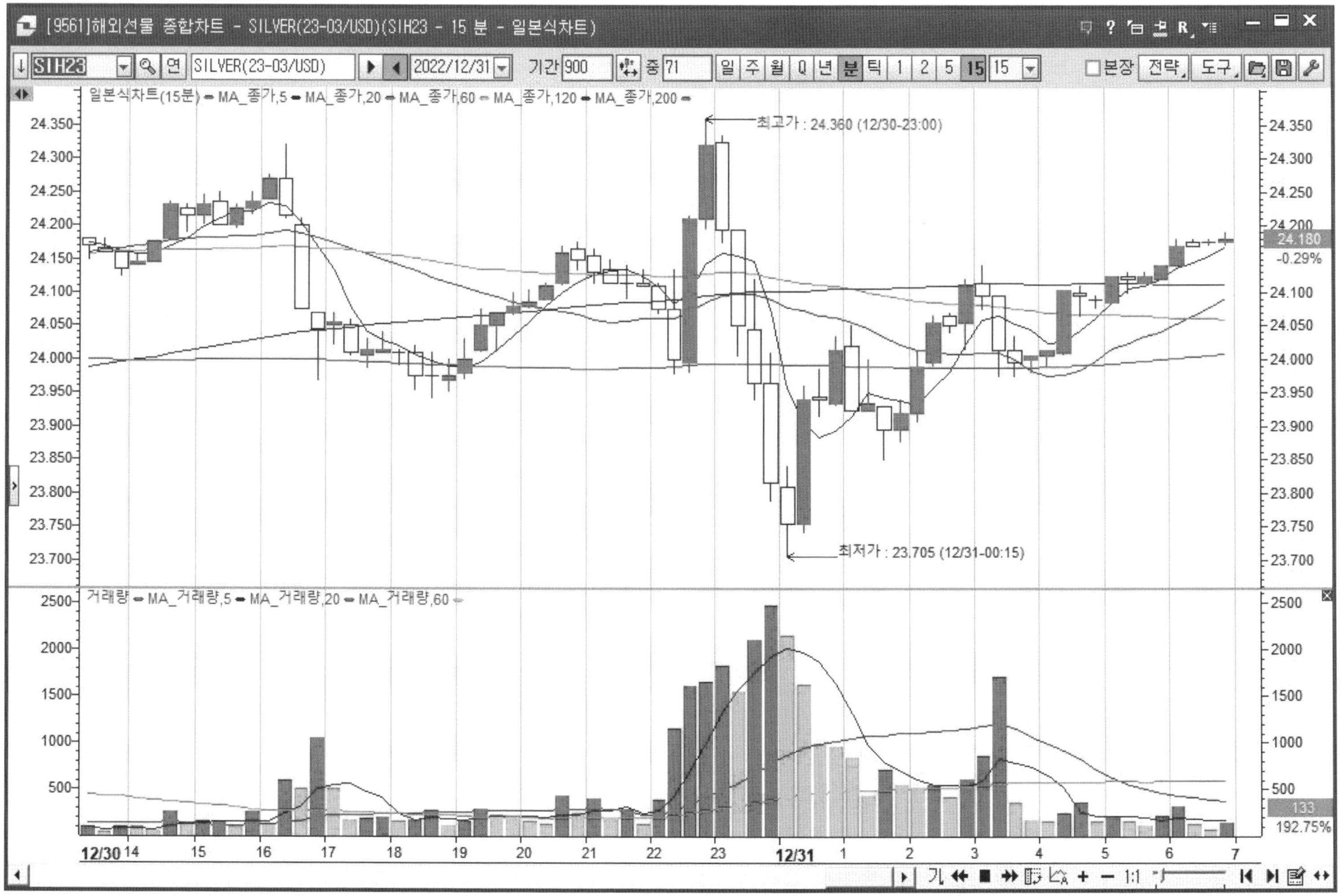

9. 구리

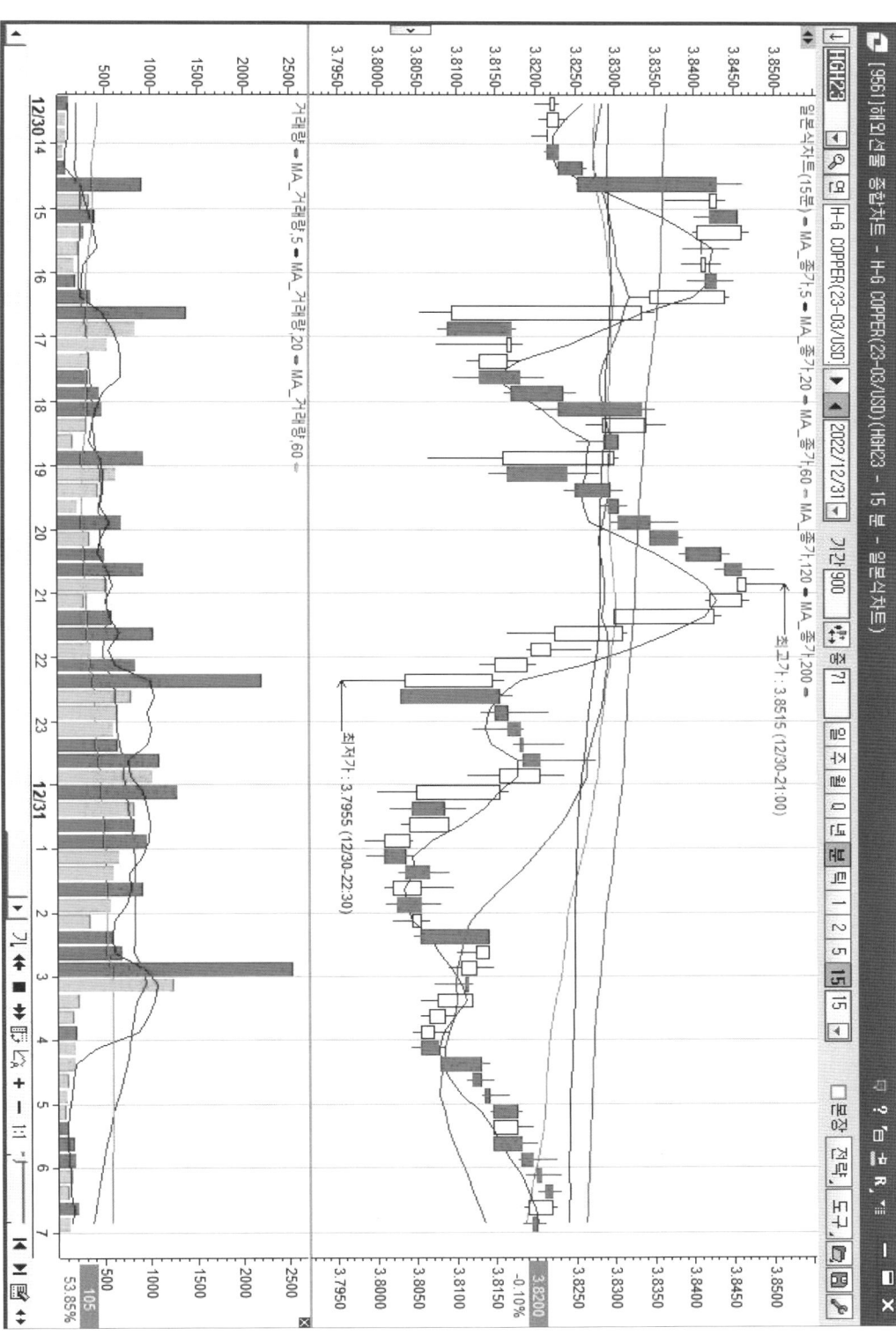

10. 쿠르드 1

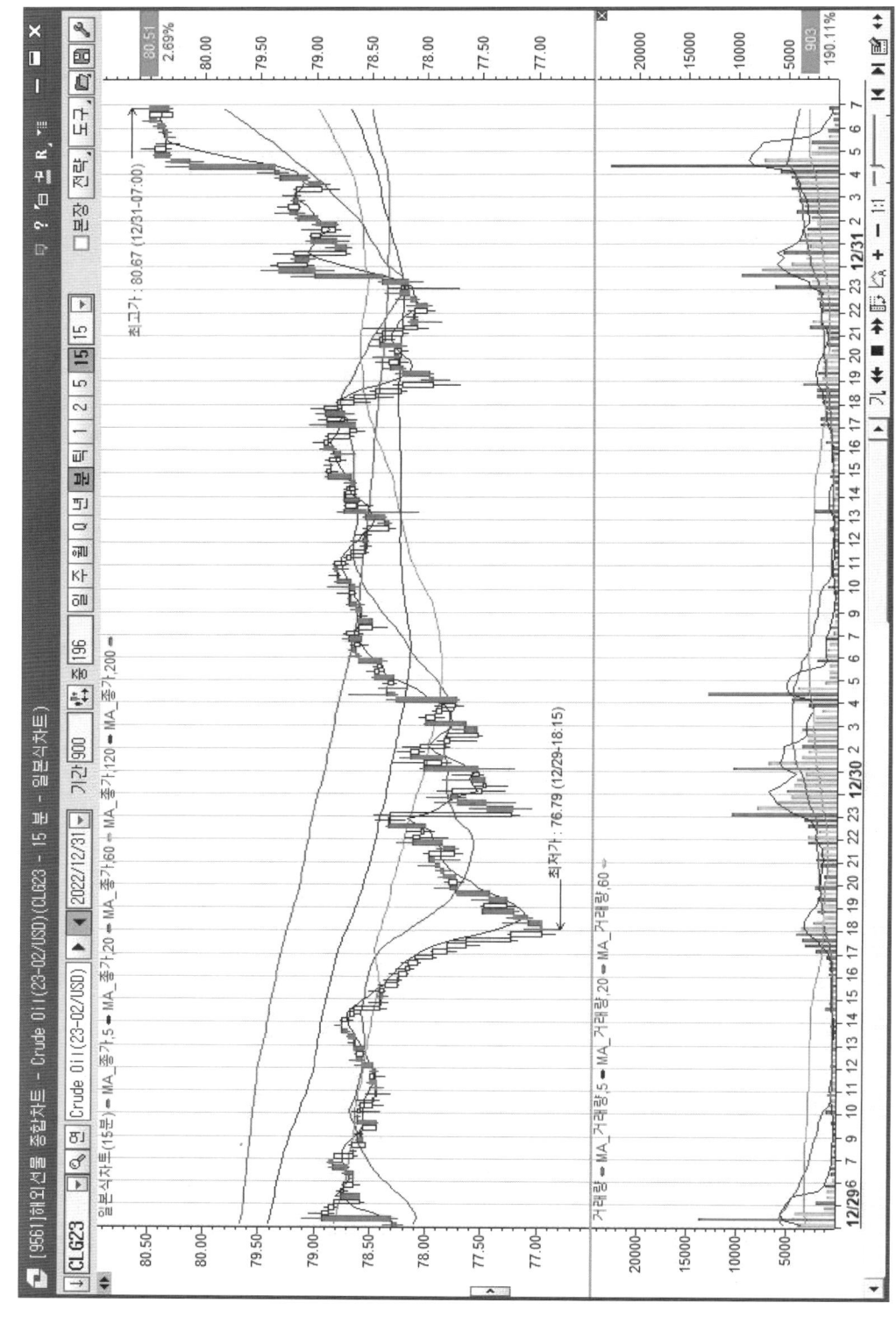

11. 내츄럴가스

12. 밀

13. 종합 현재가

나스닥 차트

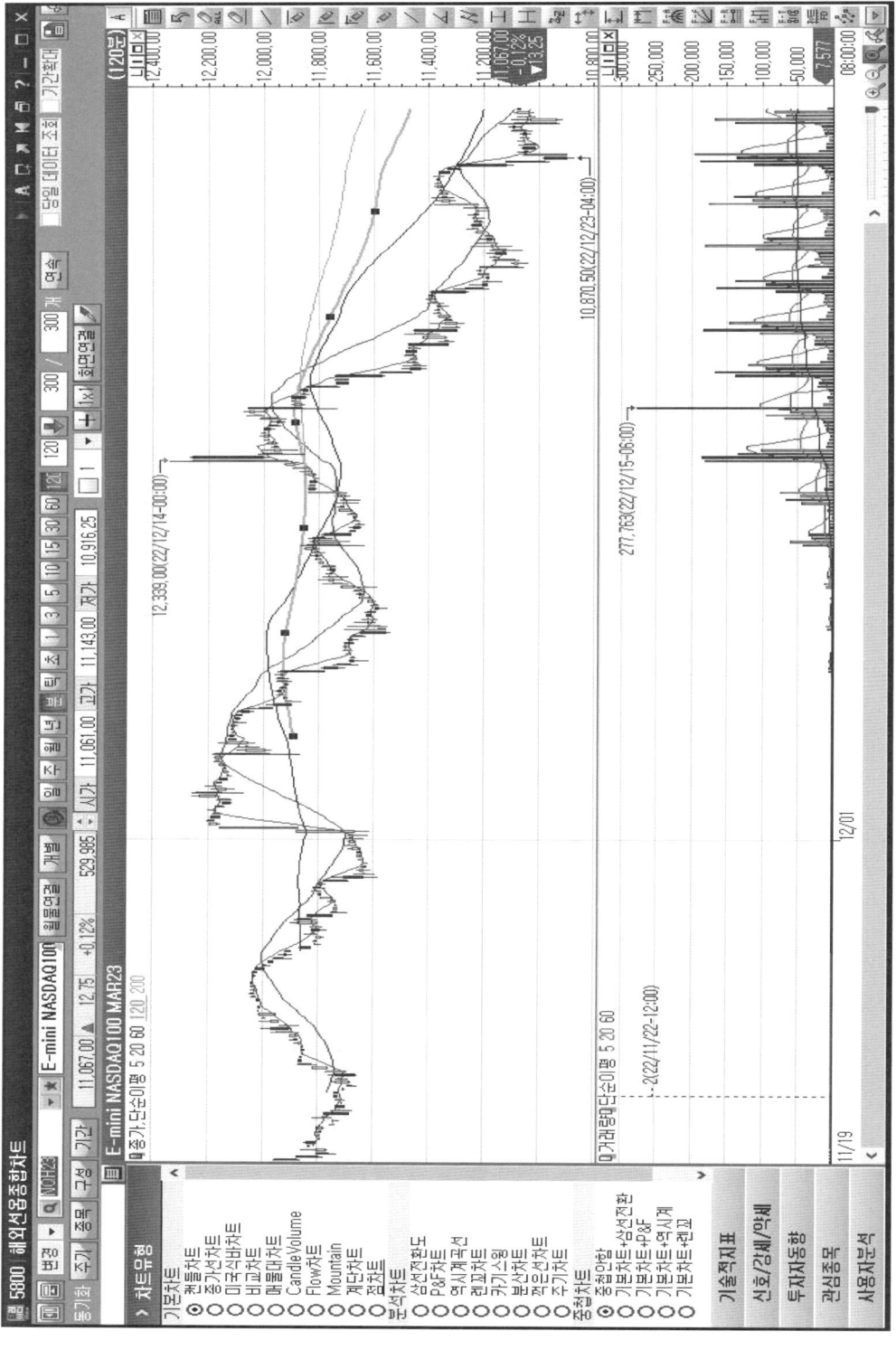

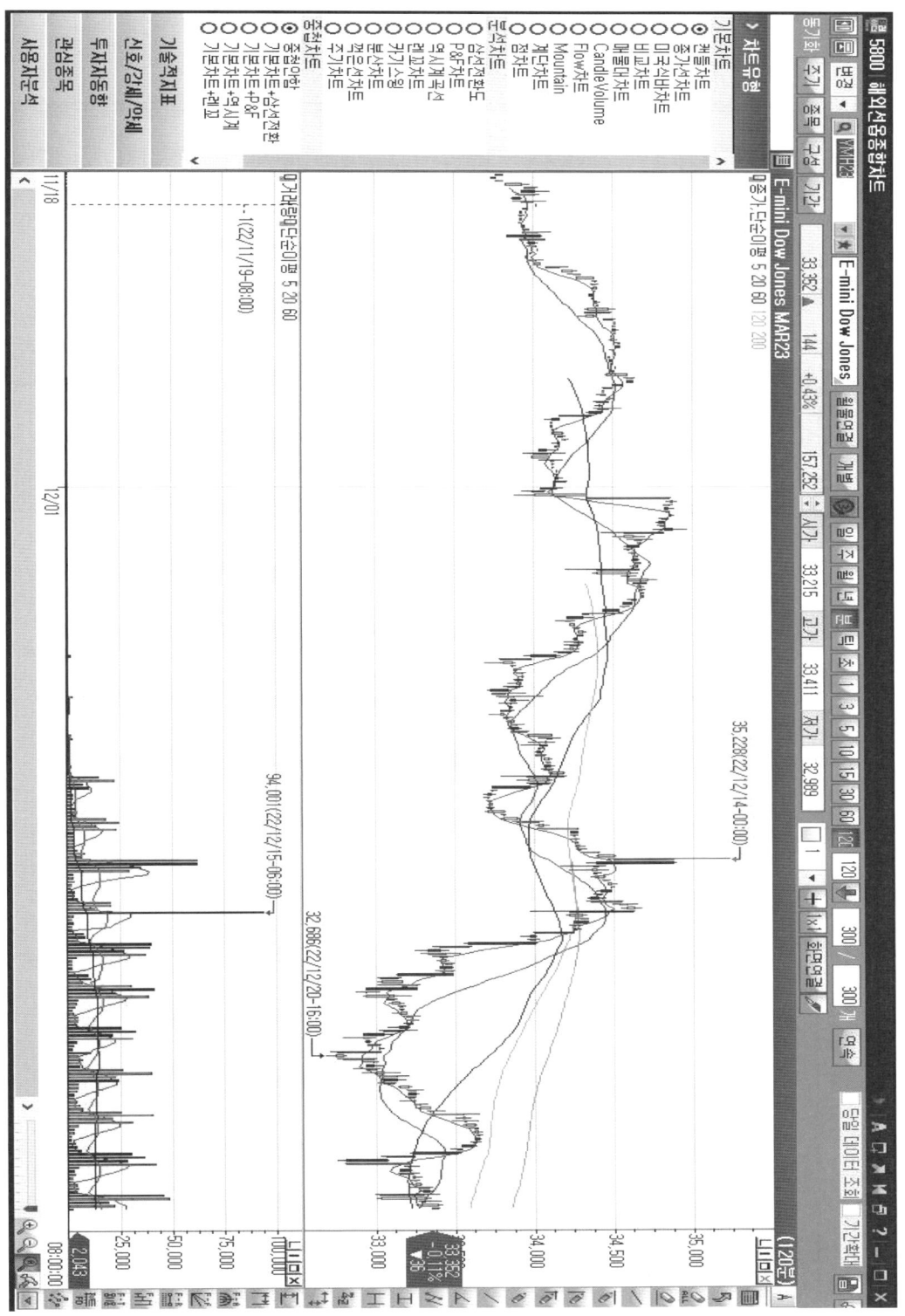

다우 차트

3-4 해외선물옵션 주문

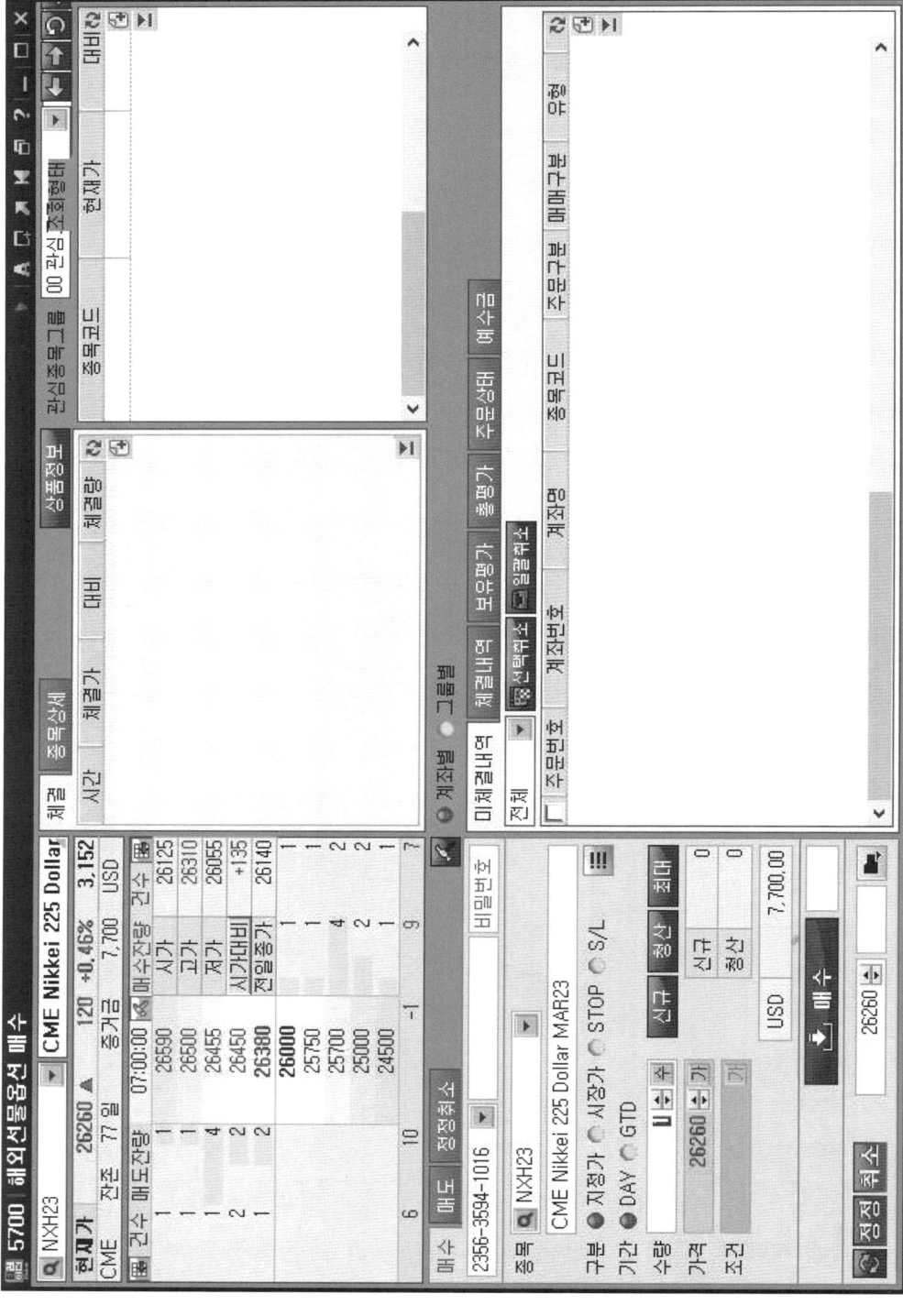

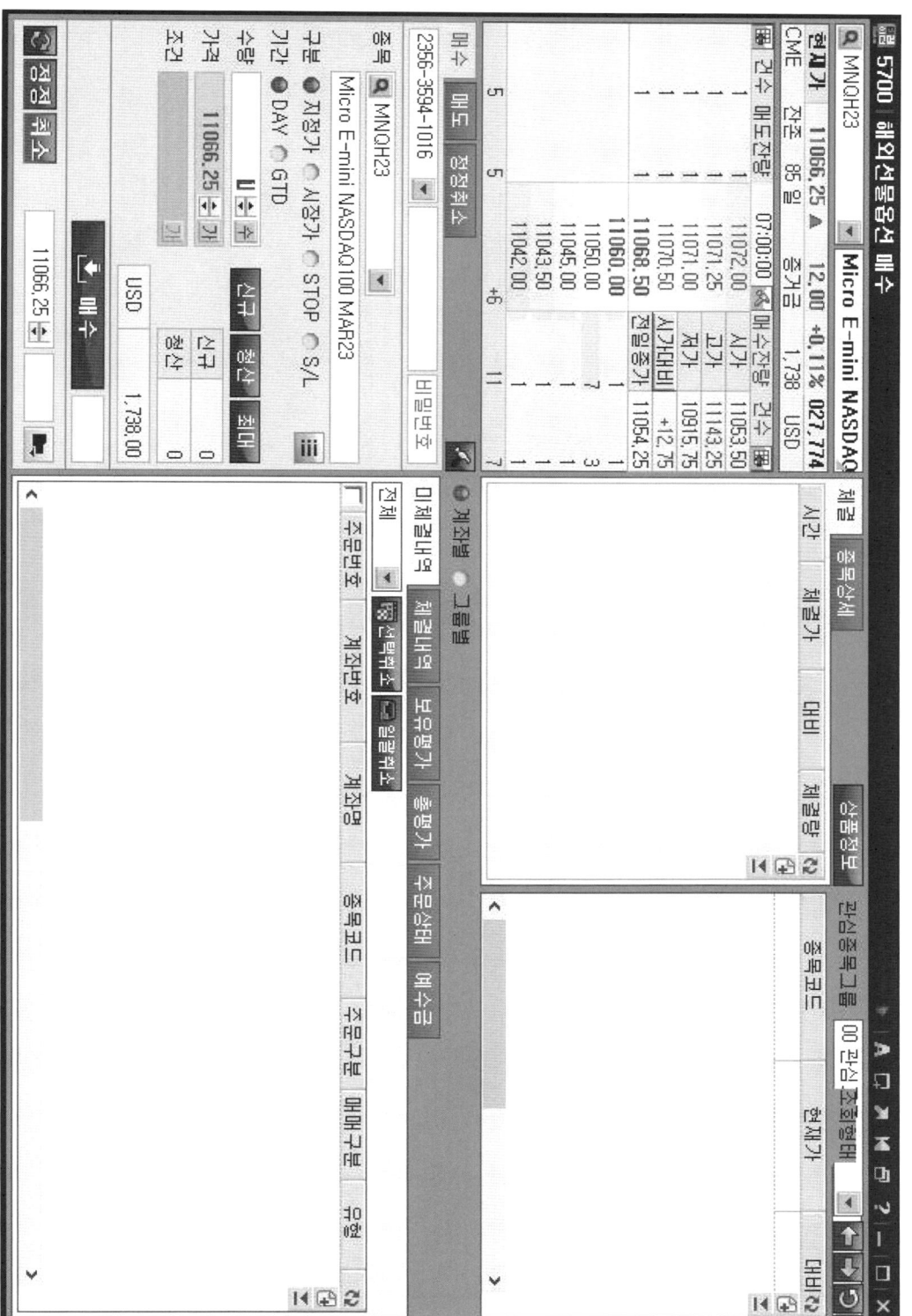

마이크로다우

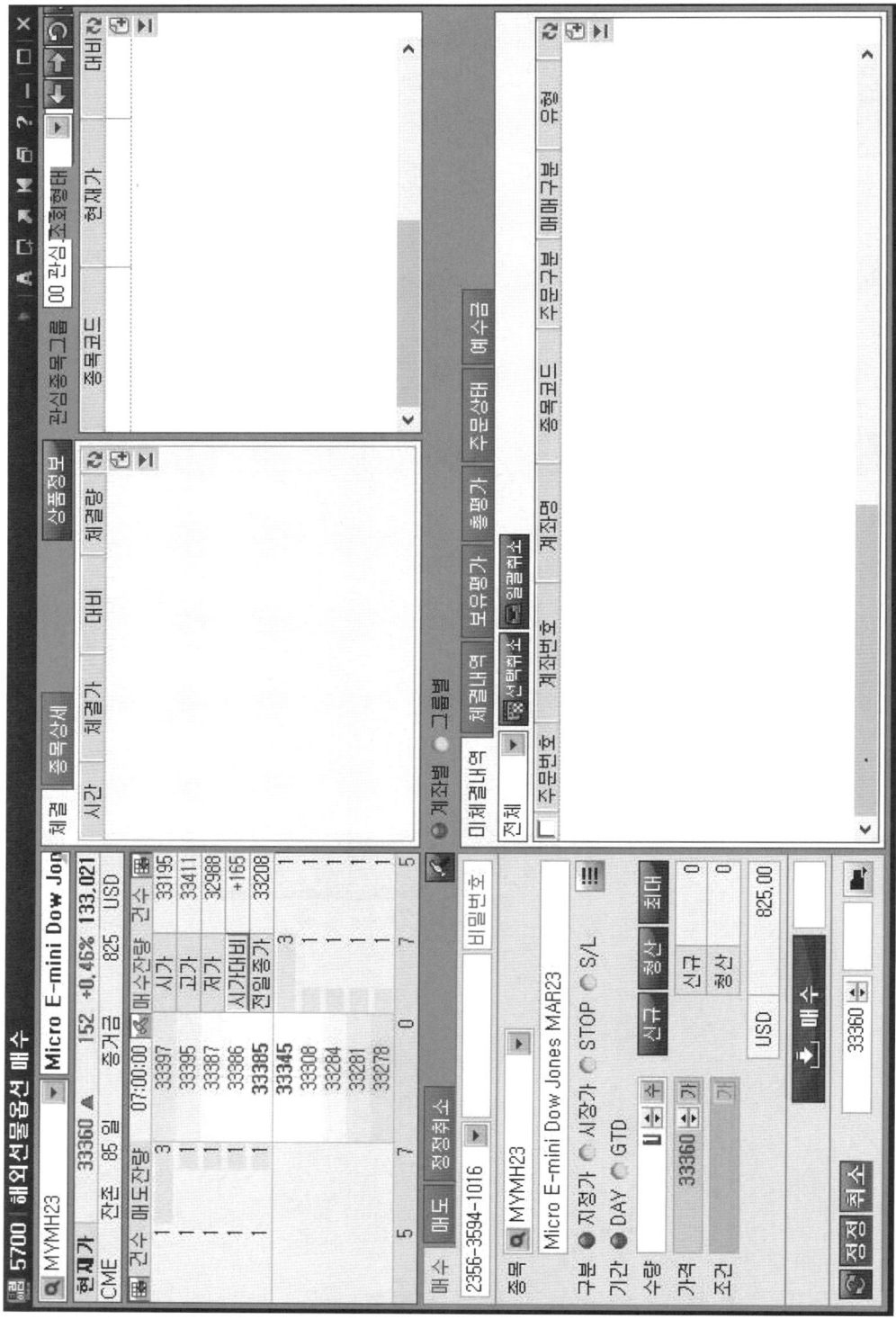

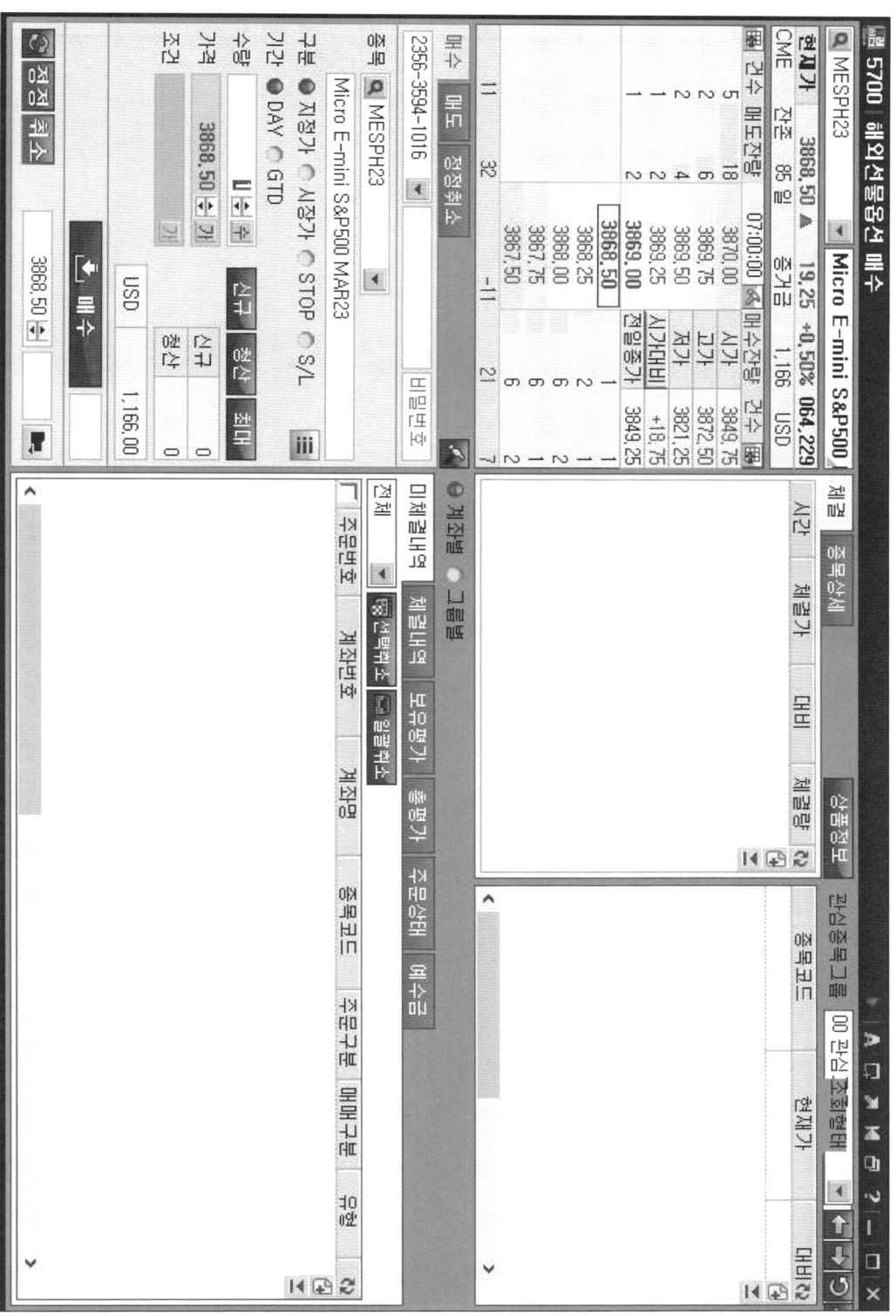

마이크로에스엔피

마이크로다우

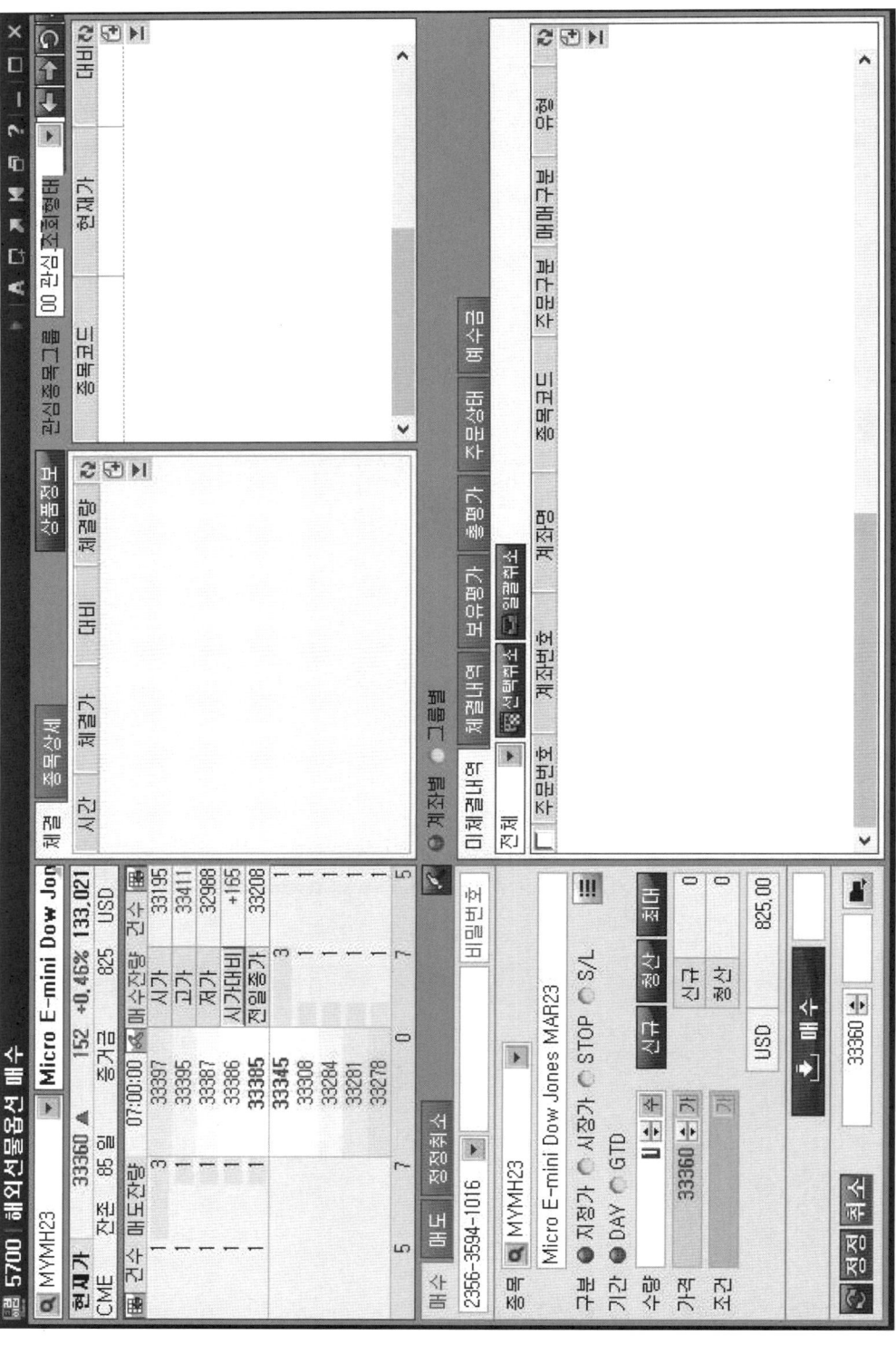

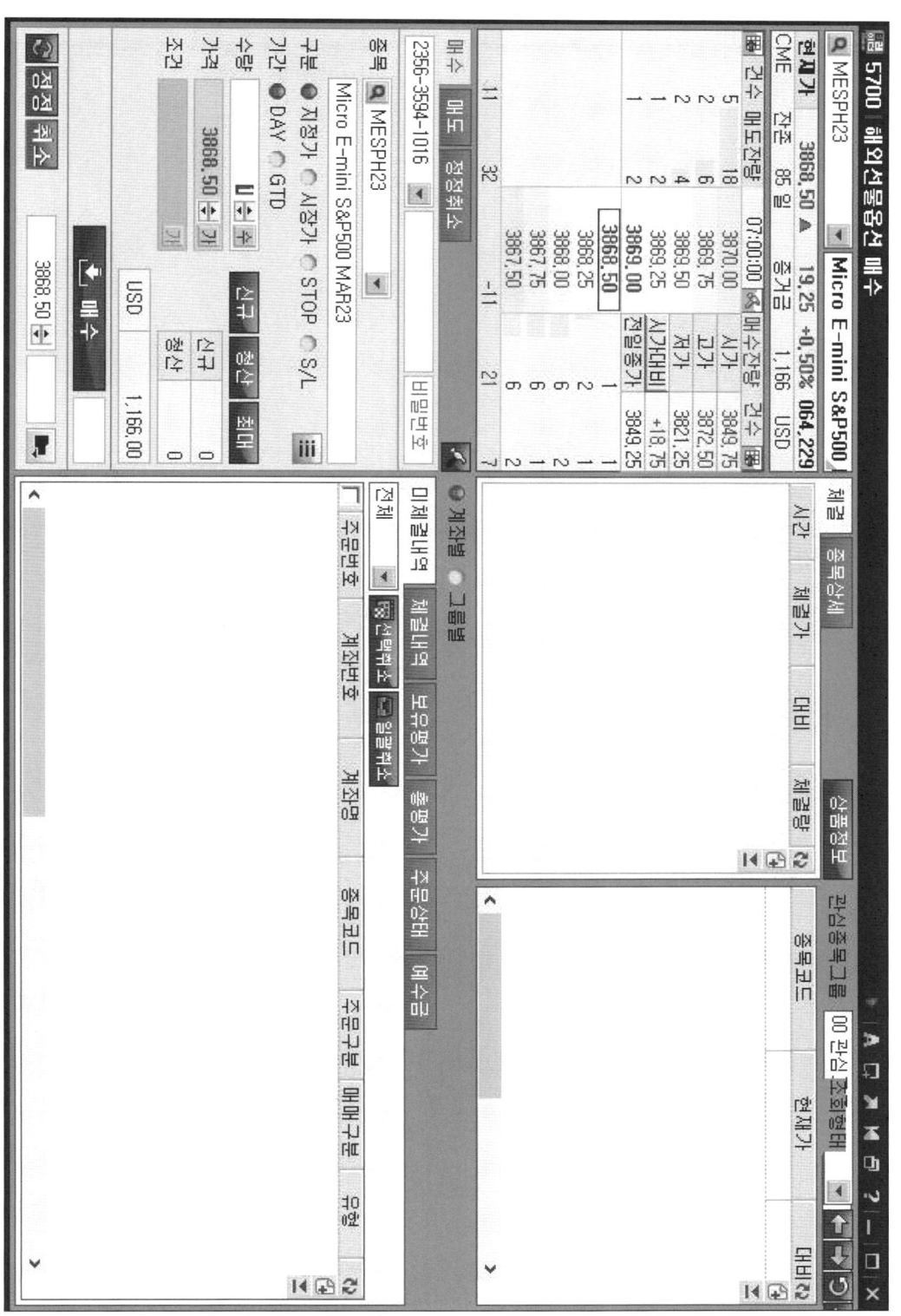

마이크로에스엔피

마이크로파운드(1.2110 308 달러)

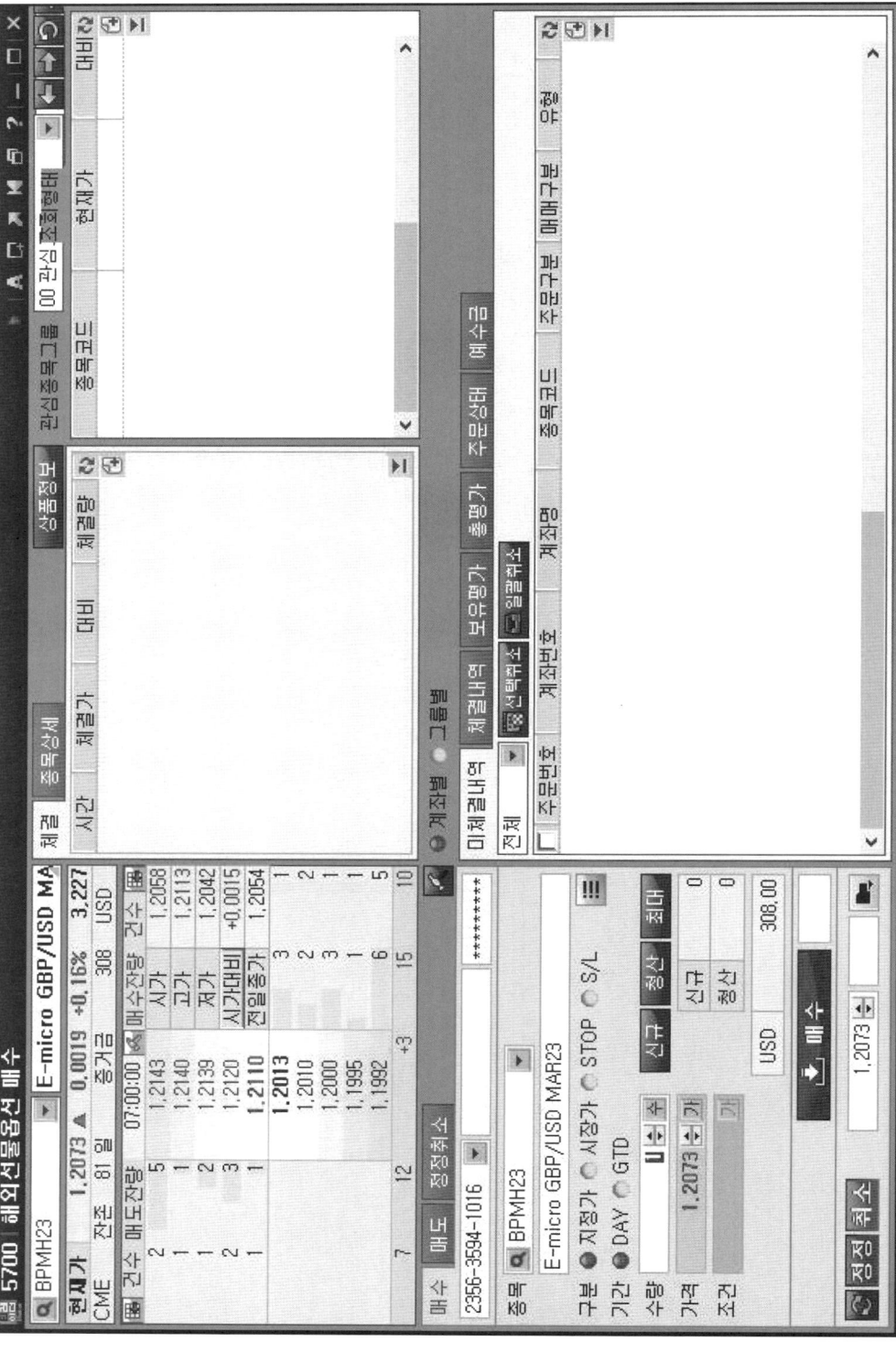

104

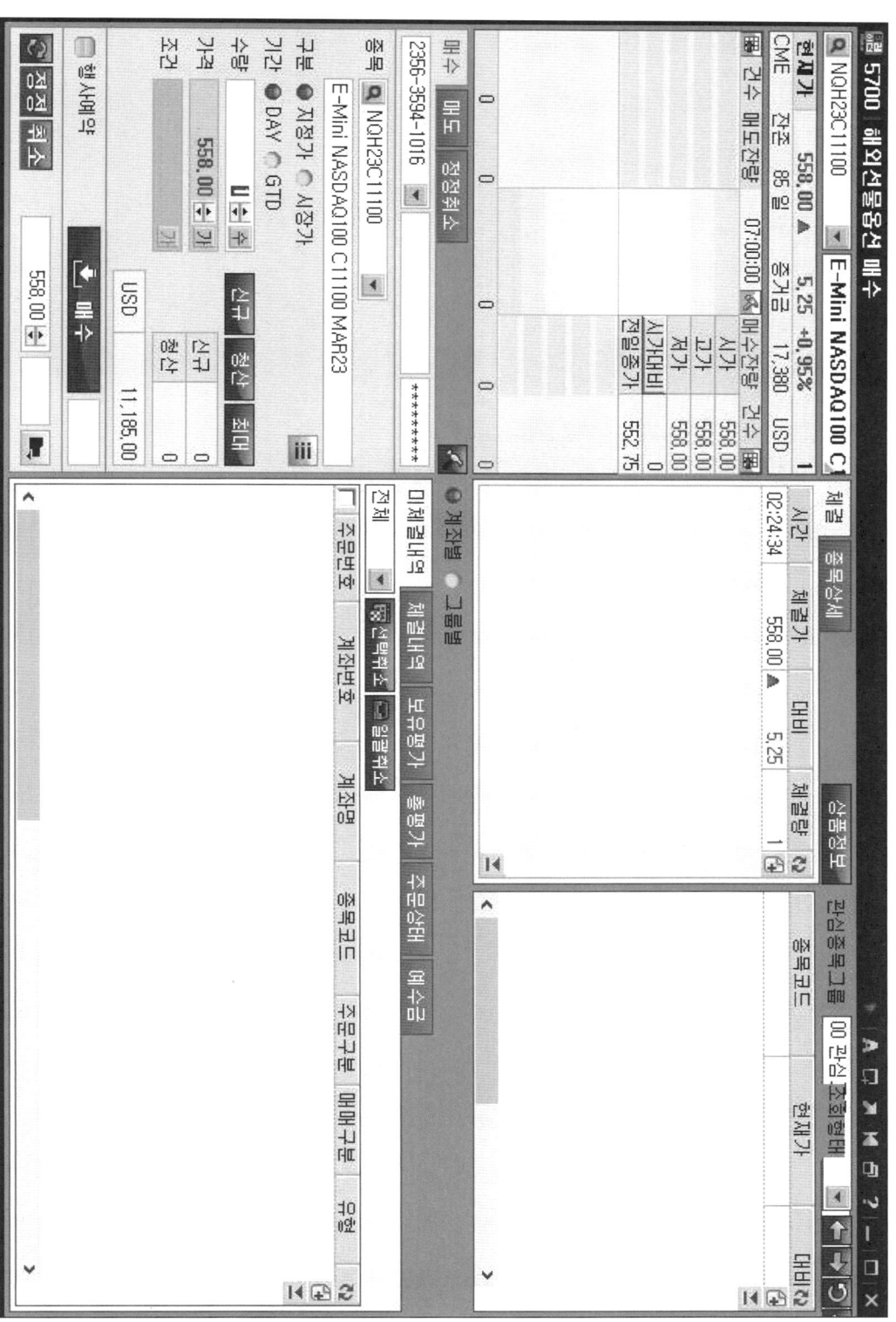

미니나스닥(풋옵션 591.5 11855 달러)

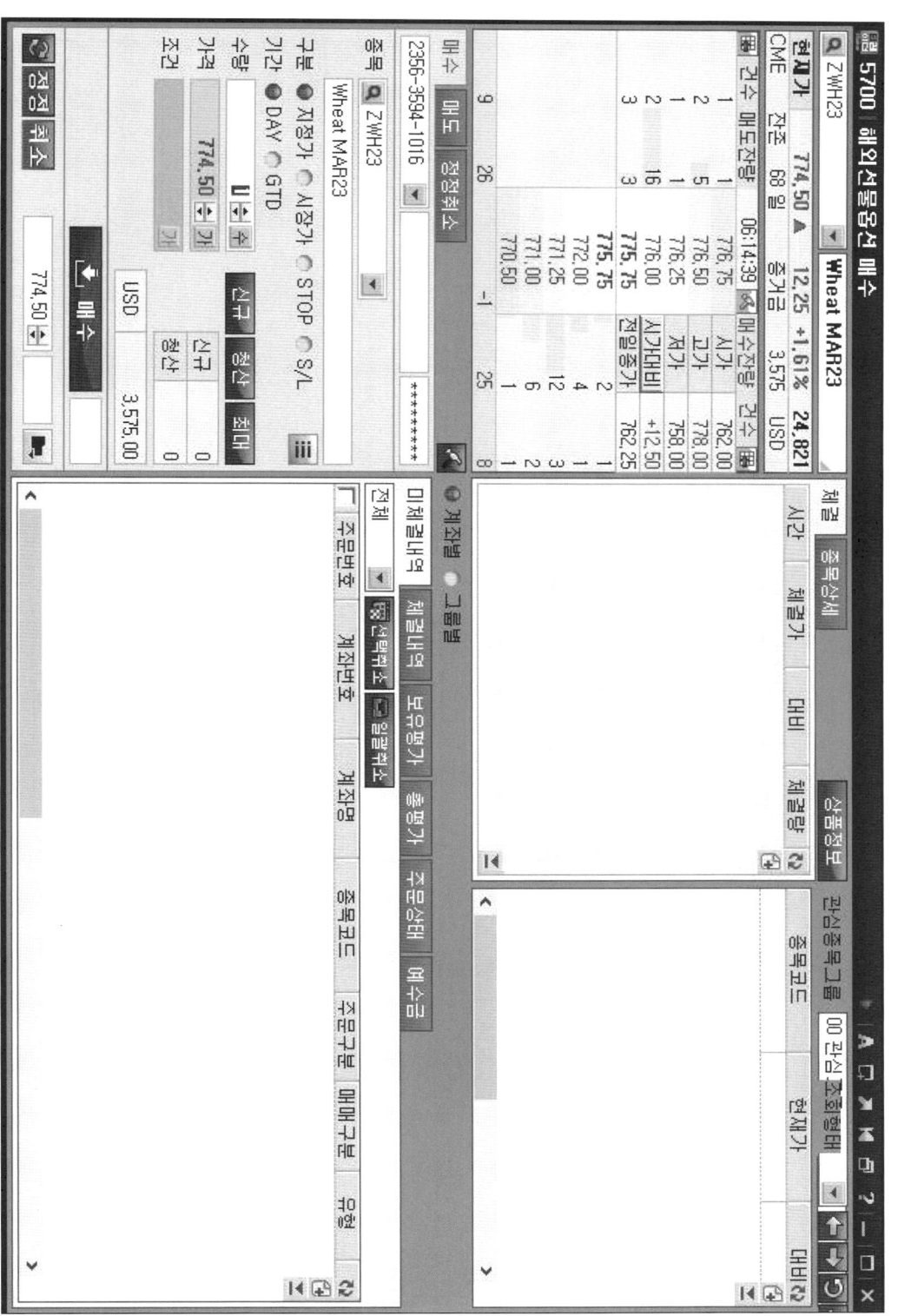

엔달러(7612.0   3410달러)

유로 풋옵션 (0.00450 587달러)

유로달러 1.06755 2915달러)

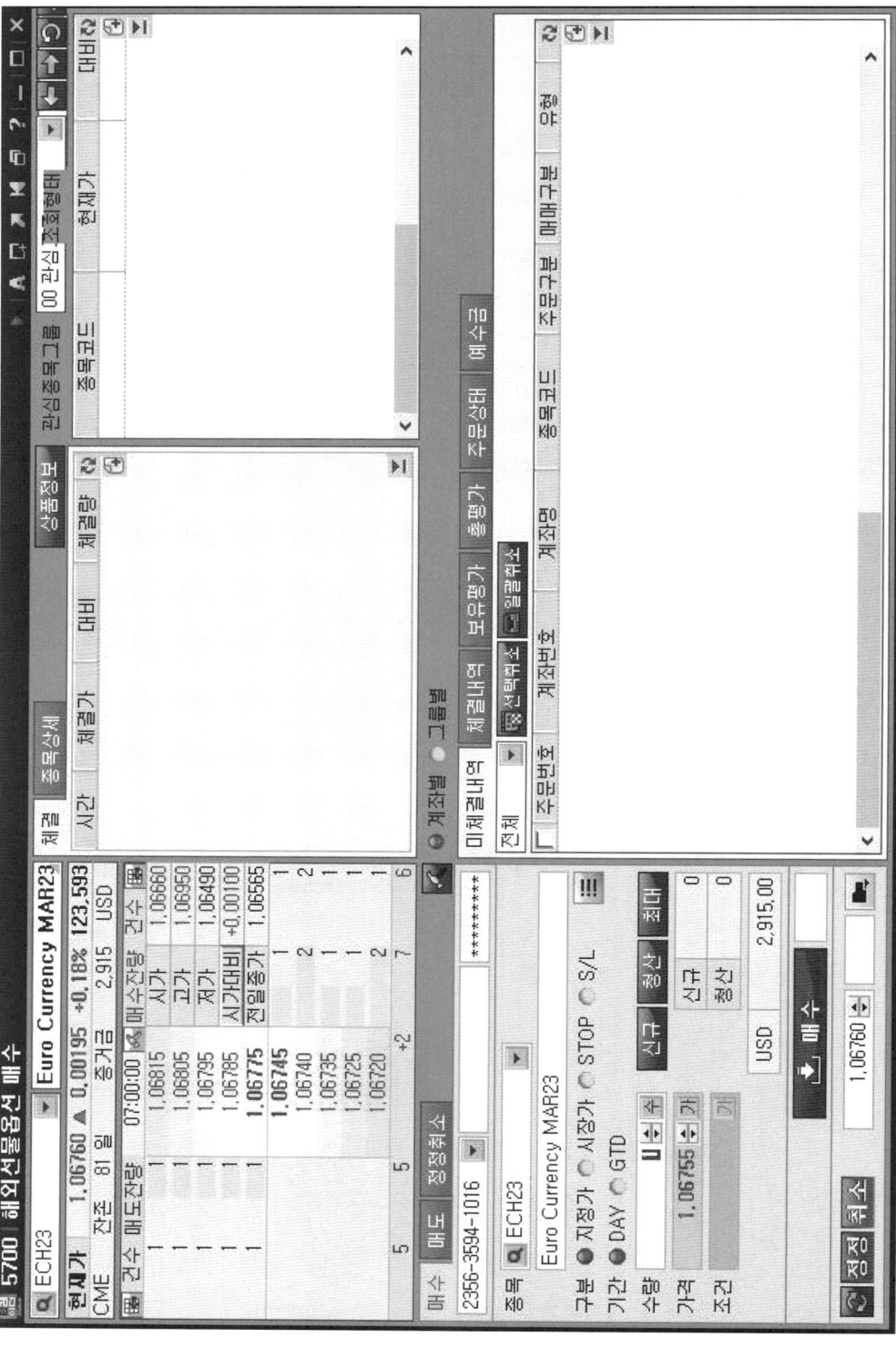

110

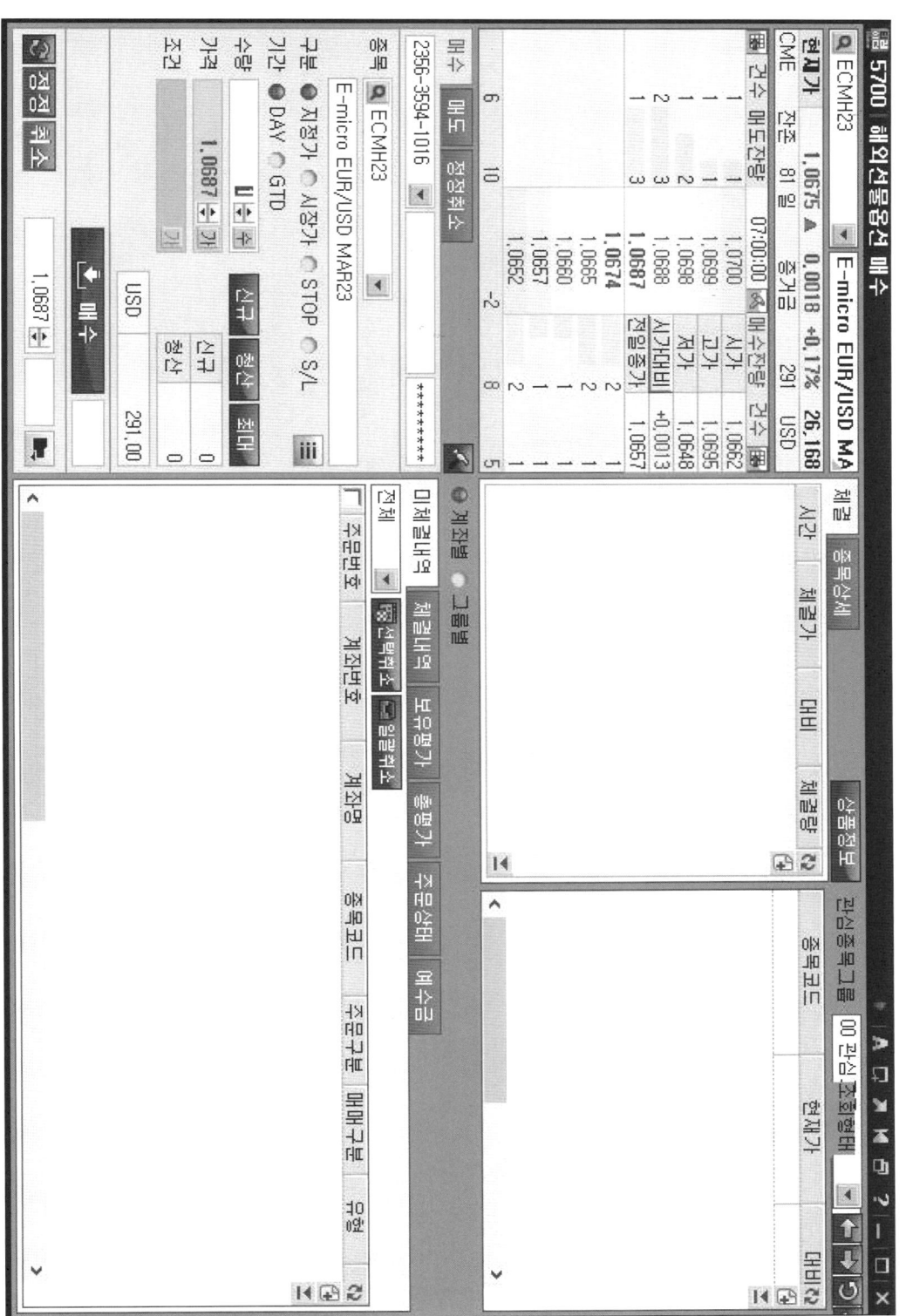

유로마이크로달러 291불

유로미니 (1.06770 1457달러)

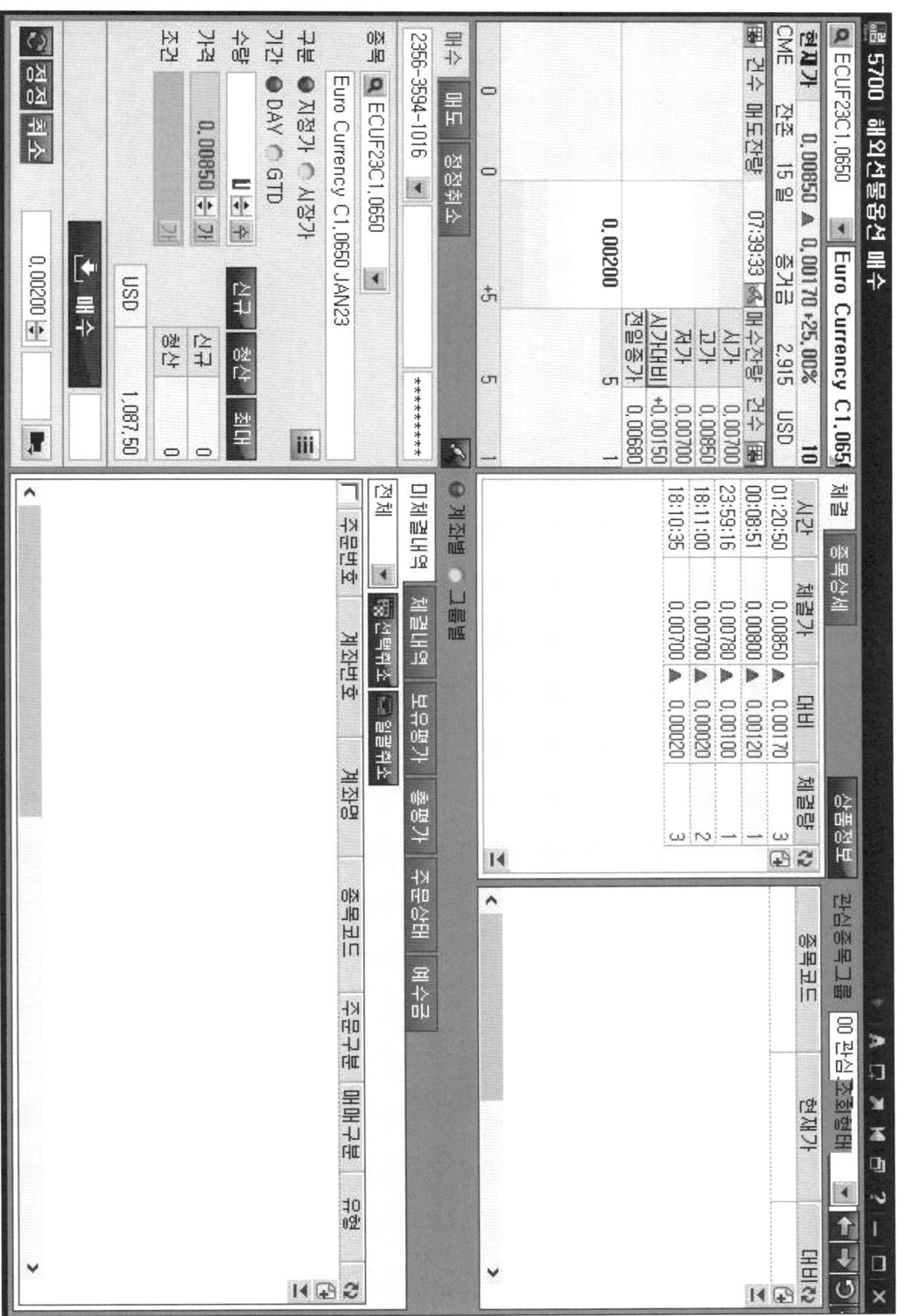

크루드 (79.35 8250달러)

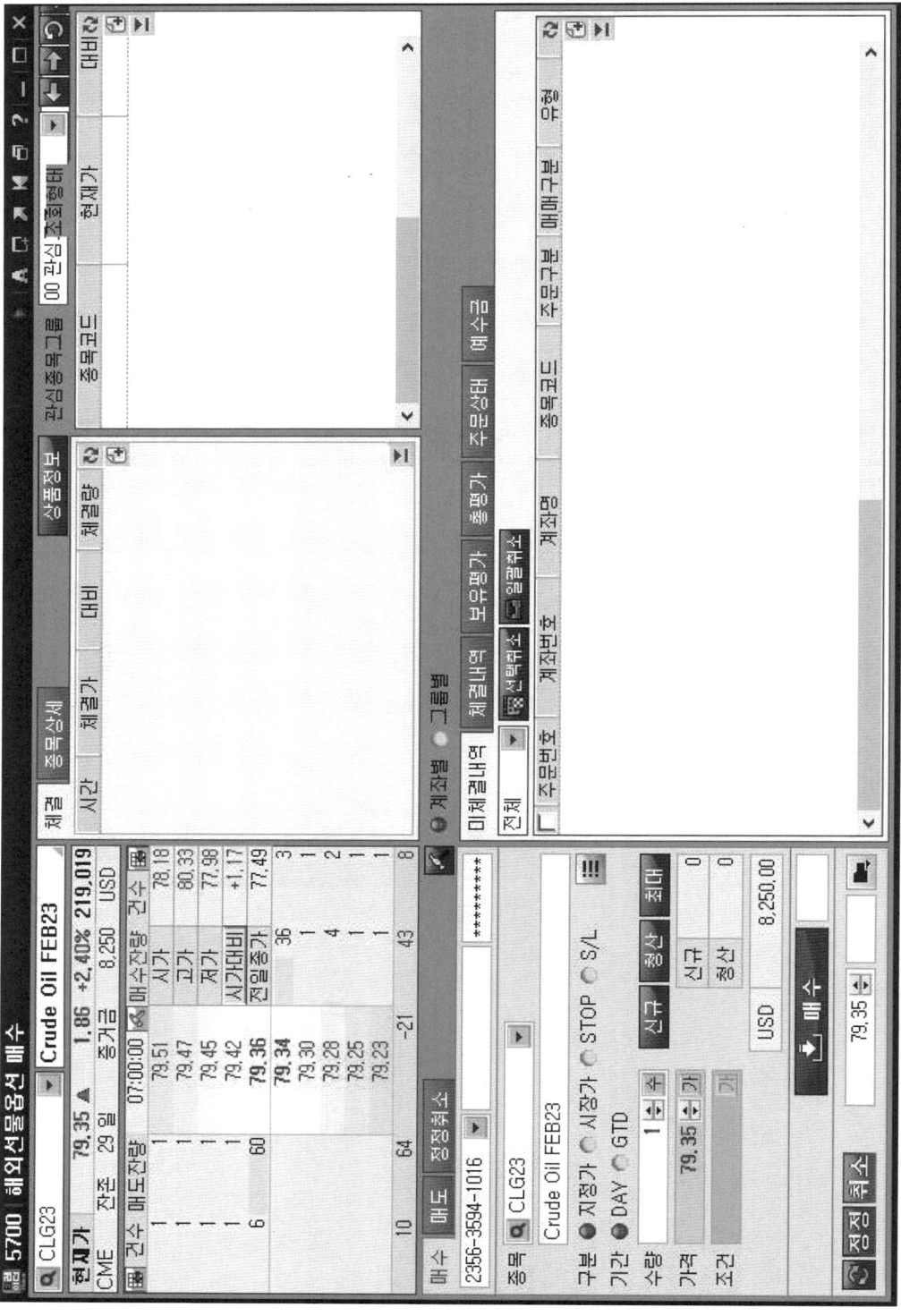

크루드(77.5 풋옵션 2.40 2425달러)

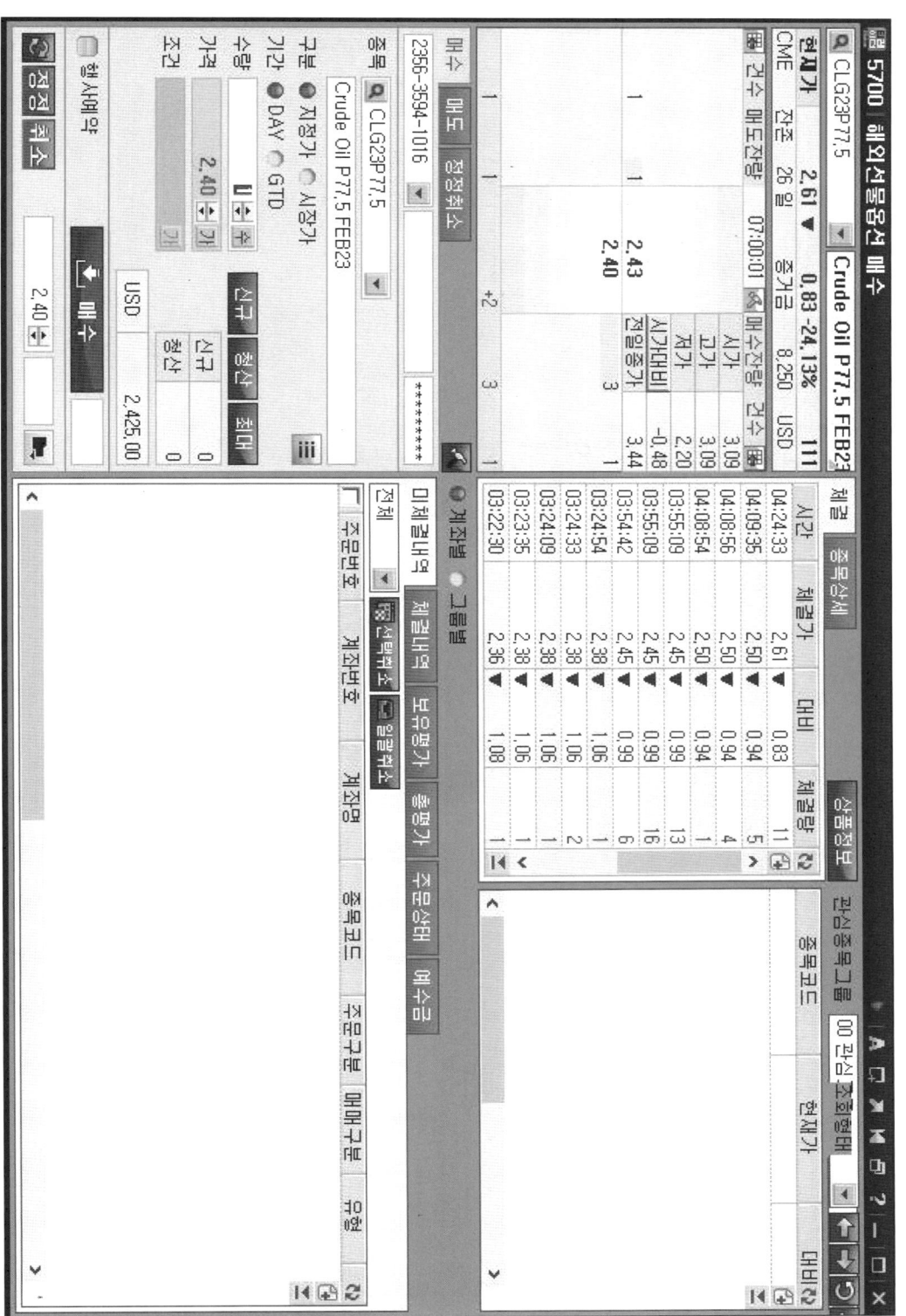

크루드 (79.35 8250달러)

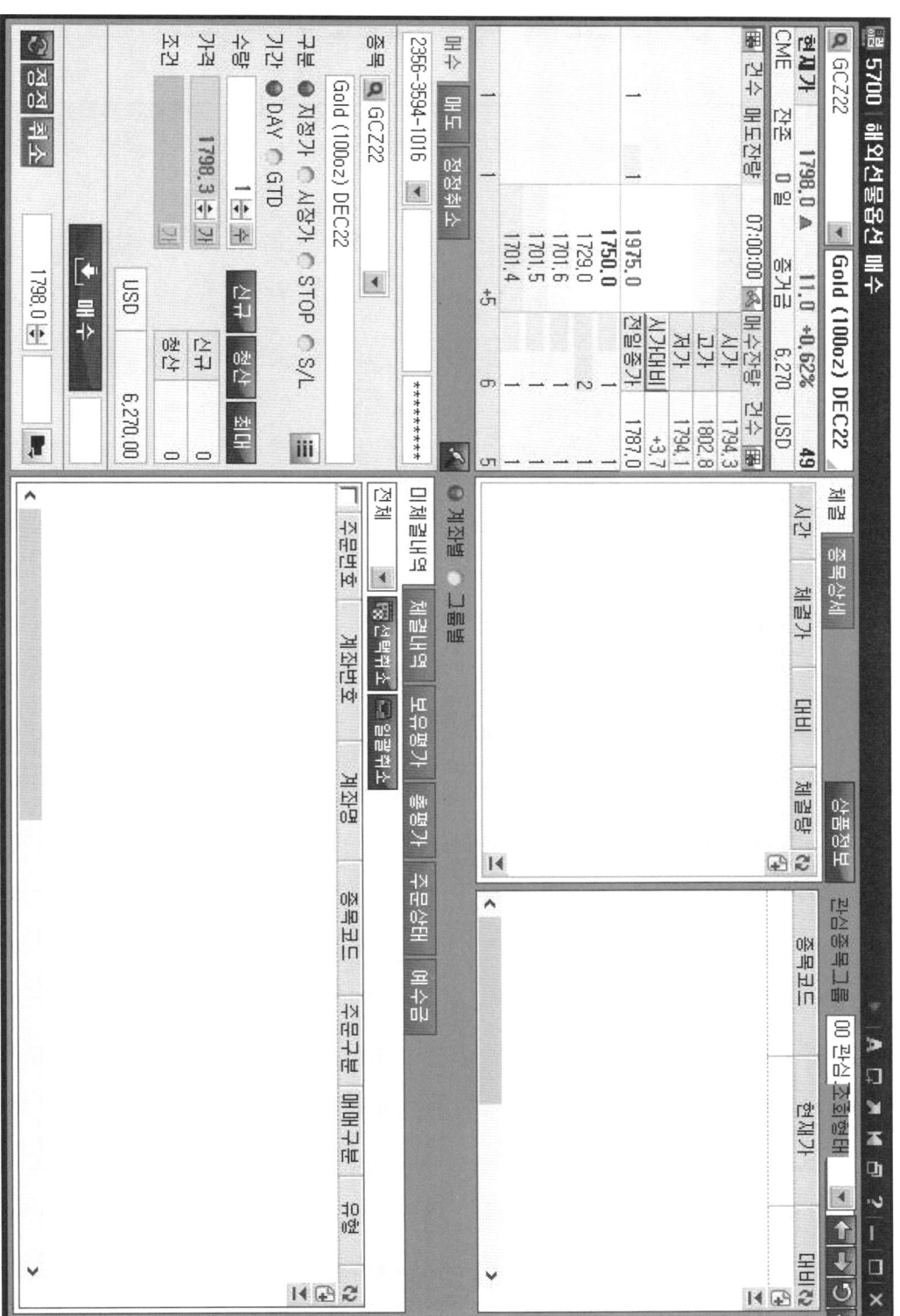

해외선물 유로달러 6270달러)

3-5 소액 마이크로 시리즈

마이크로나스닥

[6300] 해외선물 가이드

Micro E-Mini NASDAQ-100 (마이크로 E-mini NASDAQ-100 지수)

Micro E-Mini NASDAQ-100지수는 NASDAQ-100 주가지수의 계약단위를 1/50 로 축소하여 전산거래가가 능하도록 한 것이며 소액 개인투자자들이 거래하기 적합한 상품입니다.

상품코드	MNQ
상장거래소	CME
거래월물	3, 6, 9, 12월(연속 5분기물)
기초자산	Nasdaq-100 Index
거래단위	Nasdaq-100 Index X $2
최소변동호가단위(Tick)	0.25 포인트 (Index Point)
1계약당최소가격변동폭(Tick Value)	$0.50
결제방법	현금 결제
일일 상하한가	전일 정산가 대비 ±5%
최초인수도통지일(FND)	
최종거래일(LTD)	계약월 3번째 금요일
거래시간	* Regular Trading day 월~토 : 08:00 ~ 07:00 (섬머 타임: 07:00 ~ 06:00) / Trading Halt 6:15 ~ 6:30 (섬머 타임: 05:15 ~ 06:00)

손익계산

매수 10계약 → **10,010**
매도 10계약 → **10,040**

= (10,040-10,010)/0.25 X $0.5(Tick Value) X 10계약

= **$600 이익**

마이크로다우

Micro E-Mini E-Mini Dow Jones (마이크로 E-Mini Dow Jones 지수)

Micro E-Mini Dow Jones 지수는 Dow지수 선물을 1/50사이즈로 축소하여 전산거래가 가능하도록 한 것으로 소액 개인투자자들이 거래하기 적합한 상품입니다.

상품코드	MYM
상장거래소	CME
거래월물	3, 6, 9, 12월(연속 4분기물)
기초자산	DJIA Index
거래단위	DJIA Index X $0.50
최소변동호가단위(Tick)	1 포인트
1계약당최소가격변동폭(Tick Value)	$0.50
결제방법	현금결제
일일 상·하한가	전일 정산가 대비 ±5%
최초인수도통지일(FND)	결제월의 3번째 금요일
최종거래일(LTD)	한국시간

손익계산

매수 10계약 → 25,380
매도 10계약 → 25,438

= (25,438-25,380)/1 X $0.5(Tick Value) X 10계약

= **$290 이익**

마이크로 오스트레일리아 달러

[6300] 해외선물 가이드

E-micro AUD/USD

E-micro AUD/USD는 AUD/USD의 계약단위 및 증거금을 1/10로 축소하여 거래 가능하도록 한 상품입니다.

상품코드	M6A
상장거래소	CME (시카고 상업거래소)
거래월물	3, 6, 9, 12월물 중 2개 월물
기초자산	AUD/USD환율
거래단위	10,000호주달러
최소변동호가단위(Tick)	$0.0001
1계약당최소가격변동폭(Tick Value)	$1.00
결제방법	실물인수도
일일 상하한가	전일 정산가 대비 ± 400Ticks
최초인수도통지일(FND)	결제월의 3번째 수요일로부터 2영업일 전
최종거래일(LTD)	결제월의 3번째 수요일로부터 2영업일 전
거래시간	[한국시간] 월~토 08:00 ~ 07:00 섬머타임 적용시 1시간씩 차감 적용 기간: 유럽(3월 마지막주 일요일 ~ 10월 마지막주 일요일) / 미국(3월 둘째주 일요일 ~ 11월 첫째주 일요일

손익계산

매수 10계약 → **1.0340**
매도 10계약 → **1.0390**

= 1.0390-1.0340 = (0.005/0.0001) × 10계약 X $1.00 (Tick Value)

= **$500.00 이익**

마이크로 유로

E-micro Euro FX (마이크로 유로화)

E-mini Euro FX의 계약단위를 1/10사이즈로 축소하여 전신거래 가능하도록 한 상품입니다.

상품코드	M6E
상장거래소	CME (시카고 상업거래소)
거래월물	3, 6, 9, 12월물 중 2개 월물
기초자산	EUR/USD 환율
거래단위	12,500 유로
최소변동호가단위(Tick)	$0.0001
1계약당 최소가격변동폭(Tick Value)	$1.25
결제방법	실물인수도
일일 상·하한가	전일 정산가 대비 ± 400Ticks
최초인수도통지일(FND)	결제월의 3번째 수요일로부터 2영업일 전
최종거래일(LTD)	결제월의 3번째 수요일로부터 2영업일 전
거래시간	[한국시간] 월~토 08:00 ~ 07:00

※ 써머타임 기간에는 한국시간기준으로 거래시간이 1시간씩 앞당겨집니다.(해당거래소 CME, EUREX, ICE)

손익계산

매수 10계약 → 1.3260
매도 10계약 → 1.3321

= 1.3321-1.3260 = (0.0061/0.0001) X
10계약 X $1.25 (Tick Value)

= **$762.50 이익**

마이크로 파운드

E-micro GBP/USD

E-micro GBP/USD는 GBP/USD의 계약단위 및 증거금을 1/10로 축소하여 거래 가능하도록 한 상품입니다.

상품코드	M6B
상장거래소	CME (시카고 상업거래소)
거래월물	3, 6, 9, 12월물 중 2개 월물
기초자산	GBP/USD환율
거래단위	6,250파운드
최소변동호가단위(Tick)	$0.0001
1계약당최소가격변동폭(Tick Value)	$0.625
결제방법	실물인수도
일일 상하한가	전일 정산가 대비 ± 400ticks
최초인수도통지일(FND)	결제월의 3번째 수요일로부터 2영업일 전
최종거래일(LTD)	결제월의 3번째 수요일로부터 2영업일 전
거래시간	[한국시간] 월~토 08:00 ~ 07:00

※써머타임 기간에는 한국시간기준으로 거래시간이 1시간씩 앞당겨집니다.(해당거래소:CME, EUREX, ICE)

손익계산

매수 10계약 → **1.5840**
매도 10계약 → **1.5890**

= 1.5890-1.5840 = (0.005/0.0001) ×
10계약 × $0.625 (Tick Value)

= **$312.50 이익**

누구나 소액으로 거래하는 해외선물옵션

초판 1쇄 인쇄 2023년 1월 16일
재판 2쇄 발행 2024년 11월 20일
저   자 : OX 경제연구소
펴낸곳 : 글로벌
발행인 : 김 정 수
편   집 : 아이스쿨
주   소 : 서울시 강남구 테헤란로82길 15
          982호(대치동)
전화 : 010-8961-2867   팩스 : 02-568-2968

ISBN 978-89-89024-66-8
정가 49,800원